中国铁建股份有限公司企业标准

装配式挡土墙技术规程

Technical Specification for Assembled Retaining Wall

Q/CRCC 23303—2023

人民交通出版社股份有限公司

2024·北京

图书在版编目（CIP）数据

装配式挡土墙技术规程／中铁二十三局集团有限公司，中铁二十五局集团有限公司主编. — 北京：人民交通出版社股份有限公司，2024.2

ISBN 978-7-114-19402-3

Ⅰ.①装… Ⅱ.①中… ②中… Ⅲ.①装配式混凝土结构—挡土墙—技术规范 Ⅳ.①U417.1-65

中国国家版本馆 CIP 数据核字（2024）第 031692 号

标准类型：**中国铁建股份有限公司企业标准**
标准名称：**装配式挡土墙技术规程**
标准编号：Q/CRCC 23303—2023
主编单位：中铁二十三局集团有限公司
　　　　　中铁二十五局集团有限公司
责任编辑：曲　乐　李　梦
责任校对：赵媛媛　龙　雪
责任印制：刘高彤
出版发行：人民交通出版社股份有限公司
地　　址：（100011）北京市朝阳区安定门外外馆斜街 3 号
网　　址：http://www.ccpcl.com.cn
销售电话：（010）59757973
总 经 销：人民交通出版社股份有限公司发行部
经　　销：各地新华书店
印　　刷：北京印匠彩色印刷有限公司
开　　本：880×1230　1/16
印　　张：6.25
字　　数：141 千
版　　次：2024 年 2 月　第 1 版
印　　次：2024 年 2 月　第 1 次印刷
书　　号：ISBN 978-7-114-19402-3
定　　价：49.00 元

（有印刷、装订质量问题的图书，由本公司负责调换）

中国铁建股份有限公司文件

中国铁建科创〔2023〕99 号

关于发布《高速铁路轨道及线下结构服役状态监测技术规程》等 12 项中国铁建企业技术标准的通知

各区域总部，所属各单位、各直管项目部：

现批准发布《高速铁路轨道及线下结构服役状态监测技术规程》（Q/CRCC 12501—2023）、《铁路工程布袋注浆桩技术规程》（Q/CRCC 13101—2023）、《城市轨道交通信息模型施工应用指南（土建部分）》（Q/CRCC 32301—2023）、《河道生态治理技术规程》（Q/CRCC 33701—2023）、《铁路物联网信息通信总体框架》（Q/CRCC 13801—2023）、《轨道交通接触网大数据基本要求》（Q/CRCC 13701—2023）、《接触网在线监测信息感知装置》（Q/CRCC 13702—2023）、《桥梁转体技术规程》（Q/CRCC 23202—2023）、《铁路隧道机械化施工技术指南》（Q/CRCC 13301—2023）、《装配式挡土墙技术规程》（Q/CRCC 23303—2023）、《农村公路桥梁技术指南》（Q/CRCC 23203—2023）和《工程施工废弃物再生集料应用技术标准》（Q/CRCC 23304—2023），自 2024 年 5 月 1 日起实施。

以上标准由人民交通出版社股份有限公司出版发行。

中国铁建股份有限公司
2023 年 11 月 10 日

中国铁建股份有限公司办公室（党委办公室）　　2023 年 11 月 10 日印发

前　　言

本规程是根据中国铁建股份有限公司《关于下达2022年中国铁建企业技术标准编制计划的通知》（中国铁建科设〔2022〕15号）的要求，由中铁二十三局集团有限公司、中铁二十五局集团有限公司会同有关单位编制完成。

本规程编制过程中，编制组进行了深入的调查研究，系统地总结工程实践经验，广泛征求有关单位和专家意见，并与相关标准进行了协调，经反复讨论、修改，由中国铁建股份有限公司科技创新部审查定稿。

本规程共分11章，主要技术内容包括：1 总则；2 术语和符号；3 基本规定；4 工程材料；5 挡土墙设计；6 挡土墙预制构件生产；7 挡土墙构件场外运输与临时存放；8 挡土墙施工；9 质量检验和验收；10 监控量测；11 施工安全和环境保护。

本规程由中铁二十三局集团有限公司、中铁二十五局集团有限公司负责具体技术内容的解释，由中国铁建股份有限公司科技创新部负责管理。本规程执行过程中如有意见或者建议，请寄送中铁二十三局集团有限公司（地址：四川省成都市二环路西二段10-1号，邮编：610072，电话：028-68311056，邮箱：wanglu.23g@crcc.cn）、中铁二十五局集团有限公司（地址：广东省广州市南沙区中国铁建环球中心2号楼，邮编：511455，电话：13724055290，邮箱：oujian.25g@crcc.cn），以供今后修订时参考。

主 编 单 位：中铁二十三局集团有限公司
中铁二十五局集团有限公司

参 编 单 位：中铁第一勘察设计院集团有限公司
中国铁建昆仑投资集团有限公司

主要起草人员：王义春　王小青　李洁勇　李勇良　田继明　张春浩
李长春　林高山　李兆龙　黄　程　聂健行　欧　剑
曾勇霖　李国辉　王　璐　杨化庆　陆清元　王建辉
张兆敏　李虎成　孙广远　张　星　王利权　边昶晖
史绪堂

主要审查人员：王志杰　邓朝辉　毛忠良　张　波　程博华　李小和
代敬辉　贾志武　张立青　李凤伟　李文波　周　智
李秀东　邓启华

目　　次

1 总则 ··· 1
2 术语和符号 ··· 2
　2.1 术语 ·· 2
　2.2 符号 ·· 3
3 基本规定 ··· 4
4 工程材料 ··· 7
　4.1 一般规定 ··· 7
　4.2 水泥、混凝土、钢筋和钢材 ·································· 7
　4.3 构件材料 ··· 8
　4.4 安装材料 ··· 10
　4.5 回填材料 ··· 10
　4.6 其他 ·· 10
5 挡土墙设计 ·· 11
　5.1 一般规定 ··· 11
　5.2 作用（或荷载） ··· 12
　5.3 基础设计和稳定性验算 ······································ 17
　5.4 结构计算 ··· 18
　5.5 构造要求 ··· 20
　5.6 装配式悬臂挡土墙和装配式扶壁挡土墙设计 ········ 22
　5.7 装配式锚杆挡土墙设计 ······································ 25
　5.8 装配式榫接挡土墙设计 ······································ 28
6 挡土墙预制构件生产 ·· 35
　6.1 一般规定 ··· 35
　6.2 生产准备 ··· 36
　6.3 模板工程 ··· 37
　6.4 钢筋工程 ··· 38
　6.5 混凝土工程 ··· 39
　6.6 场内运输及存放 ·· 42
7 挡土墙构件场外运输与临时存放 ······························· 44
　7.1 一般规定 ··· 44
　7.2 场外运输 ··· 44
　7.3 临时存放 ··· 45

8 挡土墙施工 …………………………………………………………………… 46
8.1 一般规定 ………………………………………………………………… 46
8.2 施工准备 ………………………………………………………………… 47
8.3 装配式悬臂挡土墙和装配式扶壁挡土墙 ……………………………… 48
8.4 装配式锚杆挡土墙 ……………………………………………………… 52
8.5 装配式榫接挡土墙 ……………………………………………………… 54

9 质量检验和验收 …………………………………………………………… 59
9.1 一般规定 ………………………………………………………………… 59
9.2 装配式悬臂挡土墙和装配式扶壁挡土墙 ……………………………… 60
9.3 装配式锚杆挡土墙 ……………………………………………………… 63
9.4 装配式榫接挡土墙 ……………………………………………………… 65

10 监控量测 …………………………………………………………………… 68
10.1 一般规定 ………………………………………………………………… 68
10.2 监测 ……………………………………………………………………… 69

11 施工安全和环境保护 ……………………………………………………… 72
11.1 一般规定 ………………………………………………………………… 72
11.2 施工安全 ………………………………………………………………… 72
11.3 环境保护 ………………………………………………………………… 73

附录 A 浸水挡土墙静水压力、浮力、流水压力和动水压力（渗透力）计算 ……… 75

附录 B 检验批质量验收记录 …………………………………………………… 77

本规程用词说明 ………………………………………………………………… 86

引用标准名录 …………………………………………………………………… 87

涉及专利和专有技术名录 ……………………………………………………… 89

Contents

1 **General Provisions** ··· 1
2 **Terms and Symbols** ·· 2
   2.1 Terms ·· 2
   2.2 Symbols ·· 3
3 **Basic Requirements** ·· 4
4 **Engineering Material** ·· 7
   4.1 General Requirements ·· 7
   4.2 Cement, Concrete, Rebar and Steel ··· 7
   4.3 Precast Components Materials ·· 8
   4.4 Connecting Materials ·· 10
   4.5 Backfilling Materials ··· 10
   4.6 Other Materials ·· 10
5 **Retaining Wall Design** ·· 11
   5.1 General Requirements ·· 11
   5.2 Action (Load) ··· 12
   5.3 Foundation Design and Stability Checking ··· 17
   5.4 Structural Calculation ·· 18
   5.5 Constructing Requirements ··· 20
   5.6 Design of Assembled Cantilever and Counterfort Retaining Wall ············· 22
   5.7 Design of Assembled Anchor Rod Retaining Wall ······························ 25
   5.8 Design of Assembled Tenon Type Flexible Retaining Wall ···················· 28
6 **Manufacturing of Precast Components** ··· 35
   6.1 General Requirements ·· 35
   6.2 Preparation for Production ·· 36
   6.3 Mould Engineering ··· 37
   6.4 Reinforcement Engineering ··· 38
   6.5 Concrete Engineering ·· 39
   6.6 Carriage and Storage in Site ·· 42
7 **Off-site Carriage and Temporary Storage of Precast Components** ········· 44
   7.1 General Requirements ·· 44
   7.2 Off-site Carriage ·· 44
   7.3 Temporary Storage ··· 45

8 Field Installation 46
8.1 General Requirements 46
8.2 Preparation for Construction 47
8.3 Installation for Assembled Cantilever and Counterfort Retaining Wall 48
8.4 Installation for Assembled Anchor Rod Retaining Wall 52
8.5 Installation for Assemble Tenon Type Flexible Retaining Wall 54

9 Inspection and Acceptance 59
9.1 General Requirements 59
9.2 Assembled Cantilever and Counterfort Retaining Wall 60
9.3 Assembled Anchor Rod Retaining Wall 63
9.4 Assemble Tenon Type Flexible Retaining Wall 65

10 Monitoring and Measurement 68
10.1 General Requirements 68
10.2 Monitoring and Measurement 69

11 Safety and Environmental Protection 72
11.1 General Requirements 72
11.2 Construction Safety 72
11.3 Environmental Protection 73

Appendix A Calculation of Static Pressure, Buoyancy Force, Flowing Water Pressure and Dynamic Water Pressure (Seepage Force) of Retaining Wall 75

Appendix B Record of Quality Acceptance 77

Explanation of Wording in This Specification 86

List of Quoted Standards 87

List of Quoted Patents and Proprietary Technology 89

1 总则

1.0.1 为指导装配式挡土墙设计、生产、施工、质量检验和验收，做到安全可靠、技术先进、经济适用和节能环保，保证施工质量，制定本规程。

1.0.2 本规程适用于新建、改扩建公路、铁路、建筑及市政工程装配式混凝土挡土墙的设计与施工。

1.0.3 装配式挡土墙的设计、生产和施工应推行标准化、工厂化、机械化、信息化，因地制宜，保护环境，节约资源。

1.0.4 装配式挡土墙的设计、生产、施工、质量检验和验收、监控量测、施工安全和环境保护，除应符合本规程规定外，尚应符合国家现行标准和中国铁建股份有限公司现行有关企业技术标准的规定。

2 术语和符号

2.1 术语

2.1.1 装配式挡土墙 assembled retaining wall

装配式挡土墙是指按标准模数批量化预制生产，通过现场拼装形成整体来支承路基填土或山坡土体，防止土体变形失稳的构造物。

2.1.2 预制混凝土构件 precast concrete component

在工厂或者现场预先制作的混凝土构件，简称预制构件。

2.1.3 装配式悬臂挡土墙 assembled cantilever retaining wall

由预制（或现浇）底板和预制立板等主要受力部件组成，用于抵挡土体侧压力的钢筋混凝土装配式结构。

2.1.4 装配式扶壁挡土墙 assembled counterfort retaining wall

由预制（或现浇）底板、预制立板和扶壁等主要受力部件组成，用于抵挡土体侧压力的钢筋混凝土装配式结构，按结构形式可分为整体装配式扶壁挡土墙和组合装配式扶壁挡土墙。

整体装配式扶壁挡土墙（monolithic assembled counterfort retaining wall）为挡土墙立板、扶壁和底板整体预制。

组合装配式扶壁挡土墙（modular assembled counterfort retaining wall）为立板与扶壁整体预制，底板单独预制，构件通过后浇湿接缝连接。

2.1.5 装配式锚杆挡土墙 assembled anchor rod retaining wall

由锚杆、肋柱、预制挡土构件、基础以及压顶梁等组成，用来支撑陡坡以保持土体稳定的复合装配式结构。

2.1.6 装配式榫接挡土墙 assembled tenon type flexible retaining wall

由预制横梁构件和纵梁构件组成，通过纵梁与横梁构件上的凹槽衔接形成骨架，骨架之间填充墙体材料，搭建而成的柔性装配式结构，是一种特殊的重力式挡土墙。

2.2 符号

2.2.1 计算系数

γ_0——结构重要性系数；

γ_f——结构材料、岩土性能的分项系数；

K_a——主动土压力系数。

2.2.2 作用与抗力

S——作用（或荷载）效应的组合设计值；

$R(\cdot)$——挡土墙结构抗力函数；

R_k——抗力材料的强度标准值；

S_d——正常使用极限状态作用（或荷载）效应的组合设计值；

C_d——结构正常使用状态的限定值。

2.2.3 几何参数

H——挡土墙高度（m）；

B——挡土墙顶面宽度（m）。

2.2.4 材料性能参数

γ——墙背填土的重度（kN/m³）；

φ——墙后填土的内摩擦角（°）；

φ_0——综合内摩擦角（°）；

μ——摩擦系数。

3 基本规定

3.0.1 装配式挡土墙按照结构类型可分为装配式悬臂挡土墙、装配式扶壁挡土墙、装配式锚杆挡土墙和装配式榫接挡土墙等。

条文说明

挡土墙墙型较多，随着装配式技术的发展，装配式挡土墙墙型也逐年增多，本规程所述的装配式悬臂挡土墙、装配式扶壁挡土墙、装配式锚杆挡土墙是目前应用较多、技术较成熟的装配式挡土墙墙型，装配式榫接挡土墙是近年来新出现的一种柔性挡土墙，在此总结了其设计及施工经验。本规程未涵盖其他类型的装配式挡土墙。

装配式挡土墙结构类型如图 3-1 所示。

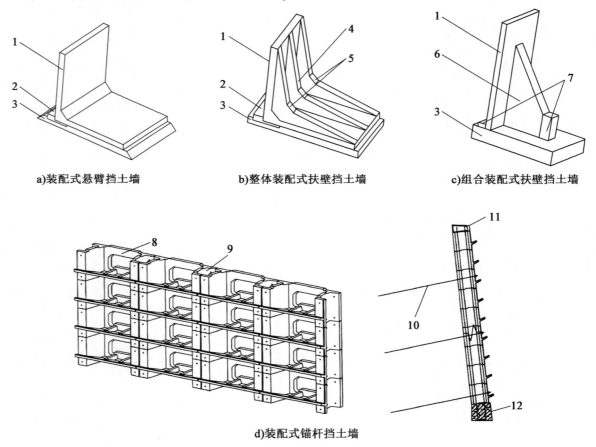

a) 装配式悬臂挡土墙 b) 整体装配式扶壁挡土墙 c) 组合装配式扶壁挡土墙

d) 装配式锚杆挡土墙

图 3-1

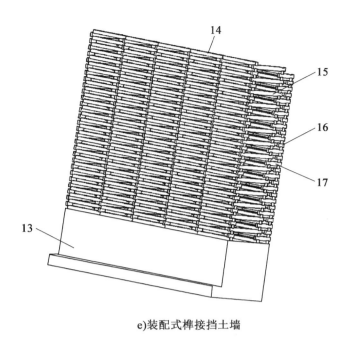

e)装配式榫接挡土墙

图 3-1 装配式挡土墙结构类型

1-立板；2-抗滑块；3-底板；4-主扶壁；5-副扶壁；6-扶壁；7-湿接缝；8-预制挡土构件；9-肋柱；10-锚杆；11-压顶梁；12-基础；13-现浇混凝土基础；14-纵梁构件；15-Ⅰ型长横梁；16-Ⅰ型短横梁；17-Ⅱ型横梁

3.0.2 混凝土预制构件宜工厂化制作。

条文说明

为了保证预制构件的质量和标准化，提高施工速度，简化施工工序，减少建筑垃圾的产生和对环境的污染，混凝土预制构件宜工厂化制作，施工现场组装。

当专业工厂距离工地现场较远或运输困难，且施工现场具备预制条件时，可在施工现场设置预制场进行预制构件的制作。

3.0.3 构件预制用的钢筋笼胎架、钢筋笼定位板、预制台座、模板和吊具等机具设备应进行专项设计。

3.0.4 特种设备的使用应符合国家现行法律的有关规定。

3.0.5 钢筋采用焊接施工时，应符合现行行业标准《钢筋焊接及验收规程》（JGJ 18）的有关规定。

3.0.6 预制构件间的连接可选用湿接缝、榫接式、承插式、灌浆套筒连接等。

条文说明

本规程涉及的挡土墙形式主要采用了湿接缝、榫接式、承插式、灌浆套筒连接方式，因此对其他连接方式未做详细说明。

3.0.7 装配式挡土墙施工中使用的检测、试验和计量等设备及仪器仪表均应标定合格，并在有效期内。

4 工程材料

4.1 一般规定

4.1.1 装配式挡土墙预制、运输及安装中采用的材料、构件连接配件，除应符合本规程外，尚应符合国家现行有关标准的规定。

4.1.2 原材料进场时应提供出厂合格证、质量检验报告、使用说明书等，并按国家现行有关标准进行抽样检验。

4.1.3 材料和配件在储存、运输过程中应采取有效防护措施。

4.2 水泥、混凝土、钢筋和钢材

4.2.1 水泥宜采用强度等级不低于42.5级普通硅酸盐水泥，其质量应符合现行国家标准《通用硅酸盐水泥》（GB 175）的规定。

4.2.2 混凝土、钢筋和钢材力学性能指标应符合现行国家标准《混凝土结构设计规范》（GB 50010）、《混凝土结构通用规范》（GB 55008）和《钢结构设计标准》（GB 50017）的规定，并应符合下列规定：
1 铁路行业应符合现行行业标准《铁路混凝土结构耐久性设计规范》（TB 10005）的规定。
2 公路行业应符合现行行业标准《公路工程混凝土结构耐久性设计规范》（JTG/T 3310）的规定。
3 建筑及市政工程行业应符合现行国家标准《混凝土结构耐久性设计标准》（GB/T 50476）的规定。

条文说明

当挡土墙结构形状复杂，或对混凝土的抗裂性能有较高要求，普通混凝土难以满足要求时，可采用自密实混凝土或纤维混凝土。自密实混凝土应符合现行行业标准《自密实混凝土应用技术规程》（JGJ/T 283）的有关规定。纤维混凝土应符合现行行业标准《纤维混凝土应用技术规程》（JGJ/T 221）的有关规定。

4.2.3 纵向受力普通钢筋宜选用 HRB400、HRB500 等钢筋，箍筋宜选用 HPB300 钢筋，力学性能应符合现行国家标准《钢筋混凝土用钢 第 1 部分：热轧光圆钢筋》（GB/T 1499.1）、《钢筋混凝土用钢 第 2 部分：热轧带肋钢筋》（GB/T 1499.2）和《钢结构设计标准》（GB 50017）的有关规定。普通钢筋采用套筒灌浆连接和浆锚搭接连接时，钢筋选用应符合现行国家标准《钢筋混凝土用钢 第 2 部分：热轧带肋钢筋》（GB/T 1499.2）的规定，不应采用冷加工钢筋。

4.2.4 钢筋焊接网应符合现行行业标准《钢筋焊接网混凝土结构技术规程》（JGJ 114）的规定。

4.2.5 预制构件吊环应符合现行国家标准《钢筋混凝土用钢 第 1 部分：热轧光圆钢筋》（GB/T 1499.1）的规定，且计算拉应力不应大于 65MPa，不得使用冷加工钢筋。

4.3 构件材料

4.3.1 预制预应力混凝土构件的混凝土强度等级不宜小于 C40，预制钢筋混凝土构件的混凝土强度等级不应小于 C30，现浇混凝土的强度等级不应小于 C25。

4.3.2 灌浆套筒宜采用 45 号优质碳素结构钢或高强球墨铸铁制作，并符合现行行业标准《钢筋套筒灌浆连接应用技术规程》（JGJ 355）、《钢筋连接用灌浆套筒》（JG/T 398）的有关规定。

4.3.3 钢筋套筒灌浆连接接头采用的灌浆料应符合现行行业标准《钢筋连接用套筒灌浆料》（JG/T 408）的有关规定。

4.3.4 钢筋浆锚搭接连接接头应采用水泥基灌浆料，灌浆料的性能应满足现行国家标准《水泥基灌浆材料应用技术规范》（GB/T 50448）的有关规定，并应符合表 4.3.4 的规定。

表 4.3.4 水泥基灌浆料的性能要求

检测项目		性能指标	试验方法标准
流动度（mm）	初始值	≥300	《钢筋连接用套筒灌浆料》（JG/T 408）
	30min	≥260	
抗压强度（MPa）	1d	≥35	《水泥胶砂强度检验方法（ISO 法）》（GB/T 17671）
	3d	≥55	
	28d	≥80	

表 4.3.4（续）

检测项目		性能指标	试验方法标准
竖向膨胀率（%）	3h	0.02~2.00	《钢筋连接用套筒灌浆料》（JG/T 408）
	24h与3h差值	0.02~0.50	
氯离子含量（%）		≤0.05	《混凝土外加剂匀质性试验方法》（GB/T 8077）
泌水率（%）		0	《普通混凝土拌合物性能试验方法标准》（GB/T 50080）
抗冻等级		≥F300	《普通混凝土长期性能和耐久性能试验方法标准》（GB/T 50082）
抗渗等级		≥P6	
氯离子扩散系数		<7	

条文说明

水泥基灌浆料的性能应符合现行标准《装配式混凝土结构技术规程》（JGJ 1）和《水泥基灌浆材料应用技术规范》（GB/T 50448）的有关规定。

4.3.5 钢筋锚固板材料应符合现行标准《混凝土结构设计规范》（GB 50010）和《钢筋锚固板应用技术规程》（JGJ 256）的有关规定，宜采用 Q235 或 Q345 级钢，钢材等级不应低于 Q235B；采用预应力结构时，钢筋锚固板材料应采用 Q345 级钢，钢材等级应不低于 Q345B。专用预埋件及连接件材料应符合国家现行有关标准的规定。锚固板厚度应根据受力情况计算确定。

条文说明

预埋件锚板一般用于相邻构件的立板连接处，宜上下均匀分布。

4.3.6 受力预埋件的锚板及锚筋材料应符合现行国家标准《混凝土结构设计规范》（GB 50010）的规定，专用预埋件及连接件材料应符合国家现行有关标准的规定。

4.3.7 连接用焊接材料和螺栓紧固件材料应符合现行标准《钢结构设计标准》（GB 50017）、《钢结构焊接规范》（GB 50661）、《钢筋焊接及验收规程》（JGJ 18）的规定。

4.3.8 砂浆强度等级应符合现行行业标准《公路圬工桥涵设计规范》（JTG D61）或《铁路桥涵设计规范》（TB 10002）的规定。

4.3.9 金属波纹管宜采用圆形不锈钢波纹管，并应符合现行行业标准《预应力混凝土用金属波纹管》（JG/T 225）的有关规定。

4.4 安装材料

4.4.1 湿接缝混凝土强度等级不应低于构件混凝土强度等级。

4.4.2 砌筑砂浆用砂宜采用中粗砂。

4.4.3 锚杆灌浆、锚杆及其附件应符合现行国家标准《岩土锚杆与喷射混凝土支护工程技术规范》（GB 50086）的有关规定。

4.4.4 锚筋宜采用 HRB400 或 HPB300 钢筋，不应采用冷加工钢筋。

4.5 回填材料

4.5.1 墙体内回填材料应优先选择抗剪强度高、透水性较强和水稳定性较好的填料，并应满足设计要求。

4.5.2 墙顶封闭填土宜采用透水性较弱的黏性土或粉质黏土。

4.6 其他

4.6.1 挡土墙沉降缝、伸缩缝填料可采用沥青麻筋或防水硅酮胶（聚硫密封胶），采用防水硅酮胶时应符合现行标准《硅酮和改性硅酮建筑密封胶》（GB/T 14683）、《聚硫建筑密封胶》（JC/T 483）的有关规定。

4.6.2 防水卷材可采用 APF 自粘改性沥青加高密度聚乙烯（HDPE）防水板，并应符合现行国家标准《自粘聚合物改性沥青防水卷材》（GB 23441）的有关规定。

4.6.3 当挡土墙墙背反滤层采用反滤土工布时，反滤土工布的保土性、透水性、防淤堵性指标、刺破强度等应满足现行行业标准《公路土工合成材料应用技术规范》（JTG/T D32）或《铁路路基土工合成材料应用设计规范》（TB 10118）的有关规定。

4.6.4 种植土采用生土时应进行熟化处理，采用植生袋时应满足环保要求，内置草种成活率应大于85%。

5 挡土墙设计

5.1 一般规定

5.1.1 挡土墙设计应遵循"少规格、多组合"的原则。

条文说明

"少规格"的目的是提高生产效率，减少工程的复杂程度，降低管理的难度，降低模板的成本，为专业之间、企业之间的协作提供一个相对较好的基础。"多组合"是以少量的构件类型组合成多样化的结构形式，满足不同的使用需求。

5.1.2 设计使用年限和混凝土结构耐久性应符合国家现行标准的有关规定，并应符合下列规定：

1 铁路行业应符合现行行业标准《铁路混凝土结构耐久性设计规范》（TB 10005）的规定。

2 公路行业应符合现行行业标准《公路工程混凝土结构耐久性设计规范》（JTG/T 3310）的规定。

3 建筑及市政工程行业应符合现行国家标准《混凝土结构耐久性设计标准》（GB/T 50476）的规定。

5.1.3 装配式挡土墙设计应考虑绿化、排水构造。

5.1.4 装配式挡土墙墙型可根据地质、地形等情况选择悬臂式、扶壁式、锚杆式和榫接式等。

条文说明

装配式挡土墙墙型的选择应结合实际情况参照国家现行有关标准选用，可不限于以下几种墙型：

（1）装配式悬臂挡土墙宜用于地基承载力较低的填方路段，墙高不宜大于5m。

（2）装配式扶壁挡土墙宜用于地基承载力较低的填方路段，墙高不宜大于10m。

（3）装配式锚杆挡土墙宜用于墙高较大的岩质路堑路段，可采用单级或多级，单级墙高不宜大于8m，总高度不宜大于16m，多级墙的上、下级墙之间应设置宽度不小于2m的平台。

（4）装配式榫接挡土墙宜用于填方、挖方等支挡工程，墙高不宜大于10m。

5.1.5 预制构件尺寸应满足吊装和运输的要求。

5.1.6 预制构件连接应符合下列规定：
1 节点和接缝受力明确、构造可靠，并应满足承载力、延性和耐久性等要求。
2 根据连接和接缝的构造方式及其性能确定结构的整体计算模型。

5.1.7 挡土墙的防、排水系统的设置应符合国家现行标准的有关规定，并应符合以下规定：
1 铁路行业应符合现行行业标准《铁路路基支挡结构设计规范》（TB 10025）的规定。
2 公路行业应符合现行行业标准《公路路基设计规范》（JTG D30）的规定。
3 建筑及市政工程行业应符合现行国家标准《建筑边坡工程技术规范》（GB 50330）的规定。

5.1.8 抗震设防类别及标准应符合国家现行标准的有关规定，并应符合以下规定：
1 铁路行业应符合现行国家标准《铁路工程抗震设计规范》（GB 50111）的规定。
2 公路行业应符合现行行业标准《公路工程抗震规范》（JTG B02）的规定。
3 建筑及市政工程行业应符合现行国家标准《建筑抗震设计规范》（GB 50011）、《建筑与市政工程抗震通用规范》（GB 55002）的规定。

5.1.9 预制构件应结合施工需求进行翻转、运输、吊装、安装等施工验算。

5.2 作用（或荷载）

5.2.1 作用（或荷载）的分类与组合应符合下列规定：
1 装配式挡土墙设计采用的作用（或荷载）及作用（或荷载）组合应符合国家现行标准的有关规定，并应符合下列规定：
1) 铁路行业应符合现行行业标准《铁路路基支挡结构设计规范》（TB 10025）的规定。
2) 公路行业应符合现行行业标准《公路路基设计规范》（JTG D30）的规定。
3) 建筑及市政工程行业应符合现行国家标准《建筑边坡工程技术规范》（GB 50330）、《建筑结构荷载规范》（GB 50009）的规定。
2 装配式挡土墙的地震作用力、地震主动土压力及抗震强度、稳定性验算应符合国家现行标准的有关规定，并应符合下列规定：

1) 铁路行业应符合现行国家标准《铁路工程抗震设计规范》（GB 50111）的规定。

2) 公路行业应符合现行行业标准《公路工程抗震规范》（JTG B02）的规定。

3) 建筑及市政工程行业应符合现行国家标准《建筑抗震设计规范》（GB 50011）、《建筑与市政工程抗震通用规范》（GB 55002）的规定。

3 对于滑坡、泥石流路段的挡土墙，所承受的滑坡、泥石流作用力及其设计原则应符合国家现行标准的有关规定。

条文说明

在滑坡、泥石流路段以及膨胀性岩土等特殊地区应慎用装配式挡土墙，确需使用时应做专项设计。

5.2.2 作用（或荷载）标准值应按以下规定取值：

1 结构自重按构件设计尺寸与材料的标准重度计算，标准重度可按表5.2.2的规定采用。

表 5.2.2 材料标准重度表

材料种类	重度（kN/m³）	材料种类	重度（kN/m³）
钢、铸钢	78.5	浆砌片石	23.0
钢筋混凝土	25.0	干砌块石或片石	21.0
混凝土或片石混凝土	24.0	沥青混凝土	24.0
浆砌块石或料石	24.0	泥结碎（砾）石	21.0

2 车辆荷载、列车荷载或其他活载应按下列规定取值：

1) 车辆荷载按现行行业标准《公路路基设计规范》（JTG D30）的规定取值。

2) 客货共线铁路、高速铁路、城际铁路和重载铁路的轨道结构荷载、列车荷载的分布宽度和单位荷载按现行行业标准《铁路路基支挡结构设计规范》（TB 10025）附录B取值。

3) 其他活载按现行国家标准《建筑结构荷载规范》（GB 50009）的规定取值。

3 人群荷载和栏杆荷载应按下列规定取值：

1) 作用于墙顶或墙背填料上的人群荷载标准值规定为3kN/m²；城郊行人密集区可参照所在地区城市桥梁设计规范规定取值，或取上述规定值的1.15倍。

2) 作用于挡土墙栏杆立柱柱顶的水平推力标准值规定为0.75kN/m；作用在栏杆扶手上的竖向力标准值规定为1kN/m。

4 墙顶护栏的车辆碰撞力应符合现行行业标准《公路交通安全设施设计规范》（JTG D81）的规定。

5 静水压力、水的浮力、流水压力和动水压力（渗透力）等附加力应按下列规定取值：

1）浸水挡土墙计算水位应选择最不利水位，根据地基地层的渗水情况计算水的浮力；根据墙背填料的性质和挡土墙两侧的水位计算静水压力和动水压力；根据墙前水流速度和方向计算流水压力。

2）静水压力、浮力、流水压力、动水压力（渗透力）宜按本规程附录A计算和取值。

6 挡土墙受温度作用引起的温度应力应按国家现行标准的规定计算，并应符合下列规定：

1）铁路行业应符合现行行业标准《铁路桥涵设计规范》（TB 10002）的规定。

2）公路行业应符合现行行业标准《公路桥涵设计通用规范》（JTG D60）的规定。

3）建筑及市政工程行业应符合现行国家标准《建筑结构荷载规范》（GB 50009）的规定。

7 坡顶有建（构）筑物的挡土墙，建（构）筑物基础传递的垂直荷载、水平荷载和弯矩等应符合现行国家标准《建筑边坡工程技术规范》（GB 50330）的相关规定。

条文说明

（1）本规程中推荐的人群荷载和栏杆荷载的取值参照了现行行业标准《公路路基设计规范》（JTG D30）附录H.0.1和《公路桥涵设计通用规范》（JTG D60）的相关规定，建筑和市政工程的人群荷载和栏杆荷载可参照国家现行标准《城市桥梁设计规范》（CJJ 11）或《建筑结构荷载规范》（GB 50009）的规定取值。

（2）当墙后填料采用岩块或透水性的粗粒料土时，可不计墙身两侧的静水压力和墙背动水压力的影响。

（3）墙背填料中的地下水无法排出时的主动土压力计算，可将墙后常水位上下视为不同的填料层，首先计算水位以上填料层的土压力，然后将上层填料重力作为均布荷载施加于水位以下的填料层，计算浸水部分填料层的土压力。

5.2.3 挡土墙墙背的土压力作用，应根据支挡结构的具体情况采用主动土压力、静止土压力或被动土压力，并结合工程经验对土压力系数进行修正。

5.2.4 填方挡土墙的土压力计算应符合下列规定：

1 铁路、高速公路、一级公路以及坡顶有重要建（构）筑物的边坡的挡土墙，应按国家现行标准的规定进行墙背填料的土工试验，确定填料的物理力学指标，并应符合下列规定：

1）铁路行业应符合现行行业标准《铁路土工试验规程》（TB 10102）的规定。

2）公路行业应符合现行行业标准《公路土工试验规程》（JTG 3430）的规定。

3）建筑及市政工程行业应符合现行国家标准《土工试验方法标准》（GB/T 50123）和《建筑边坡工程技术规范》（GB 50330）的规定。

2 墙背填料为黏性土时，应采用综合内摩擦角近似计算主动土压力。综合内摩擦

角 φ_0 宜根据土工试验测得的物理力学指标分析计算。

3 当缺乏试验数据时，可按国家现行标准的规定取值。

5.2.5 挖方挡土墙的土压力计算应符合下列规定：

1 根据边坡的调查、勘察试验和分析数据，综合确定墙后地层的物理力学指标。

2 当墙背附近有岩石坡面或坚硬的稳定坡面时，应采用墙背填料沿坡面滑动和破裂棱体位于填土中两种工况分别计算主动土压力，取较大值。

3 当墙顶地表倾斜度较大或地表形状不规则，采用库仑理论计算土压力有困难时，可采用楔体试算法计算主动土压力，其作用点距墙踵的距离为墙背高度的1/3。

5.2.6 明挖基础挡土墙前的被动土压力可不考虑；当基础埋置较深、地层稳定，不受水流冲刷和其他扰动破坏，且对墙前填料进行充分压实时，根据墙身的位移条件，可计入墙前的部分被动土压力。

条文说明

根据现行行业标准《公路路基设计规范》（JTG D30）和《铁路路基支挡结构设计规范》（TB 10025），当挡土墙基础埋置较深、地层稳定，不受水流冲刷和其他扰动破坏，且对墙前填料进行充分压实时，根据墙身的位移条件，可计入墙前的部分被动土压力。

挡土墙单位长度上的墙前被动土压力可按朗肯理论计算，取1/3被动土压力值。

5.2.7 车辆荷载、列车荷载、人群活载或其他活载作用在墙背的土体侧压力应按下列规定计算：

1 公路车辆荷载作用于墙背填土上引起的附加土体侧压力，应按现行行业标准《公路路基设计规范》（JTG D30）的规定换算成等代均布土层厚度计算。

2 铁路轨道和列车作用在路基面上的单位荷载，应按现行行业标准《铁路路基支挡结构设计规范》（TB 10025）的规定计算。

3 人群荷载作用在墙背填土上所引起的附加土体侧压力，可将人群荷载按均布荷载直接作用在路基面上计算，也可换算成等代均布土层厚度计算。

4 其他活载作用于墙背填料引起的附加土体侧压力，应按现行国家标准《建筑结构荷载规范》（GB 50009）的规定计算。

条文说明

（1）按照现行行业标准《公路路基设计规范》（JTG D30）的规定，车辆荷载作用在挡土墙墙背填土上所引起的附加土体侧压力，可按下式换算成等代均布土层厚度计算：

$$h_0 = \frac{q}{\gamma} \tag{5-1}$$

式中：h_0——换算土层厚度（m）；

q——车辆附加荷载强度，墙高小于2m时，取20kN/m²；墙高大于10m时，取10kN/m²；墙高在2~10m时，附加荷载强度用直线内插法计算。

（2）按照现行行业标准《铁路路基支挡结构设计规范》（TB 10025）的相关规定，铁路轨道和列车作用在路基面上的单位荷载可按下式计算，铁路路基面上荷载分布示意图如图5-1所示。

$$q_{1,2} = \frac{Q}{L_0} \tag{5-2}$$

式中：q_1——轨道荷载作用在路基面上的单位荷载（kPa）；

q_2——列车荷载作用在路基面上的单位荷载（kPa）；

Q——轨道荷载或列车荷载（kN/m）；

L_0——荷载在路基横断面上的分布宽度（m）。

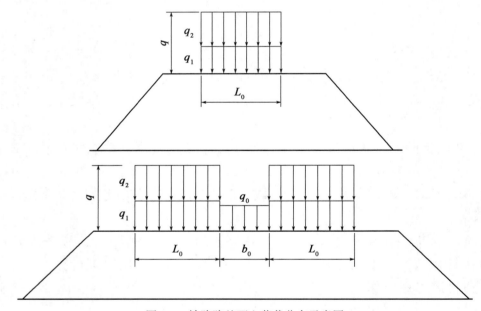

图5-1 铁路路基面上荷载分布示意图

q_0-线间回填单位荷载；q-轨道结构自重与列车荷载单位荷载之和，$q = q_1 + q_2$；b_0-线间回填单位荷载分布宽度

（3）按照现行行业标准《公路挡土墙设计与施工技术细则》的相关规定，人群荷载作用在墙背填土上所引起的附加土体侧压力，可按下式换算成等代均布土层厚度计算：

$$h_0 = \frac{q_r}{\gamma_2} \tag{5-3}$$

式中：h_0——人群荷载换算的等代均布土层厚度（m）；

q_r——作用于墙后填土上的人群荷载标准值（kN/m²）；

γ_2——墙后填土的重度（kN/m³）。

5.3 基础设计和稳定性验算

5.3.1 基础一般构造应符合下列规定：

1 装配式挡土墙采用明挖基础时，应设置在地质情况较好的地基上；当地基承载力不满足设计要求时，可采用换填、砂桩、搅拌桩、微型桩、刚性桩等方法处理。采用刚性基础时，基础底部的扩展部分不应超过材料的刚性角。

2 基础前趾埋入地面的深度和距地表的水平距离应根据地基稳定性、地基承载力、水流冲刷、冻土深度情况以及岩石风化程度等因素确定，并应符合下列规定：

  1) 铁路行业应符合现行行业标准《铁路路基支挡结构设计规范》（TB 10025）的规定。
  2) 公路行业应符合现行行业标准《公路路基设计规范》（JTG D30）的规定。
  3) 建筑及市政工程行业应符合现行国家标准《建筑边坡工程技术规范》（GB 50330）的规定。

3 装配式榫接挡土墙采用倾斜基底时，其倾斜度应符合表5.3.1的规定。

表 5.3.1 基底倾斜度要求

地基类别		基底倾斜度（$\tan\alpha_0$）
一般地基	岩石	≤ 0.3
	土质	≤ 0.2
浸水地基	$\mu < 0.5$	0.0
	$0.5 \leq \mu \leq 0.6$	≤ 0.1
	$\mu > 0.6$	≤ 0.2

注：1. α_0 为基底倾斜角，为基底面与水平线的夹角。
2. μ 为基底与地基土的摩擦系数。

5.3.2 地基计算应符合下列规定：

1 挡土墙地基承载力计算时，传至基础底面的作用（或荷载）效应，宜按正常使用极限状态下作用（或荷载）效应标准值组合，相应的抗力采用地基承载力特征值。计算基础及地基稳定、基础结构等时，荷载效应应按承载能力极限状态下的作用（或荷载）效应组合。作用（或荷载）效应组合应符合下列规定：

  1) 铁路行业应符合现行行业标准《铁路路基支挡结构设计规范》（TB 10025）、《铁路路基设计规范》（TB 10001）的规定。
  2) 公路行业应符合现行行业标准《公路路基设计规范》（JTG D30）的规定。
  3) 建筑及市政工程行业应符合现行国家标准《建筑地基基础设计规范》（GB 50007）的规定。

地基承载力特征值应根据地质勘察、原位测试、荷载试验、调查、邻近建（构）筑物地基承载力资料、理论计算等综合分析确定。

2 挡土墙基础底面压应力、偏心距等应符合国家现行标准的规定，并应符合下列规定：

1）铁路行业应符合现行行业标准《铁路路基支挡结构设计规范》（TB 10025）、《铁路桥涵地基和基础设计规范》（TB 10093）的规定。

2）公路行业应符合现行行业标准《公路路基设计规范》（JTG D30）、《公路桥涵地基与基础设计规范》（JTG 3363）的规定。

3）建筑及市政工程行业应符合现行国家标准《建筑地基基础设计规范》（GB 50007）的规定。

5.3.3 稳定性验算应符合下列规定：

1 挡土墙稳定性验算时，施加于挡土墙的作用（或荷载）及效应组合应符合本规程第5.2.1条的规定。

2 承载能力极限状态稳定方程和稳定系数应符合国家现行标准的规定，并应符合下列规定：

1）铁路行业应符合现行行业标准《铁路路基支挡结构设计规范》（TB 10025）的规定。

2）公路行业应符合现行行业标准《公路路基设计规范》（JTG D30）的规定。

3）建筑及市政工程行业应符合现行国家标准《建筑边坡工程技术规范》（GB 50330）的规定。

3 当挡土墙设计为滑动稳定控制时，可采取以下抗滑动措施：

1）采用倾斜基底。

2）采用凸榫基底，凸榫应设置在坚实地基上。

3）当符合本规程第5.2.6条的规定时，宜计入墙前被动土压力，计算时可采用1/3被动土压力值。

4 当挡土墙设计为倾覆稳定控制时，可采取以下抗倾覆措施：

1）调整墙面、墙背坡度。

2）改变墙身形式，宜采用扶壁式等抗倾覆稳定性较强的挡土墙形式。

3）扩展基础前趾，当刚性基础的前趾扩展受刚性角限制时，应加强基础配筋计算或调整基础形式。

5.4 结构计算

5.4.1 装配式挡土墙的结构设计应符合现行国家标准《混凝土结构设计规范》（GB 50010）的规定，采用以分项系数的极限状态法为主的设计方法。挡土墙设计应进行其承载能力极限状态计算和正常使用极限状态计算。

条文说明

当挡土墙出现下列状态之一时，认为超过了承载能力极限状态：

（1）整个挡土墙结构或挡土墙组成部分作为刚体失去平衡。

（2）挡土墙构件或连接部件因材料强度不足而破坏，或因过度的塑性变形而不适于继续加载。

（3）挡土墙结构变为机动体系或构件丧失稳定。

当挡土墙出现下列状态之一时，认为超过了正常使用极限状态：

（1）影响正常使用或影响外观的过大变形。

（2）影响正常使用或耐久性能的局部破坏。

5.4.2 挡土墙构件承载能力极限状态设计的基本条件是结构抗力设计值，应大于或等于计入结构重要性系数的作用（或荷载）效应的组合设计值，应按下列公式进行验算：

$$\gamma_0 S \leqslant R(\cdot) \tag{5.4.2-1}$$

$$R(\cdot) = R\left(\frac{R_k}{\gamma_f}, \alpha_d\right) \tag{5.4.2-2}$$

式中：γ_0——结构重要性系数，按表5.4.2的规定取值；

S——作用（或荷载）效应的组合设计值；

$R(\cdot)$——挡土墙结构抗力函数；

R_k——抗力材料的强度标准值；

γ_f——结构材料、岩土性能的分项系数；

α_d——结构或结构构件几何参数的设计值，当无可靠数据时，可采用几何参数标准值。

表5.4.2 结构重要性系数 γ_0

墙高（m）	公路		铁路		建筑边坡	
	高速公路、一级公路	二级及二级以下公路	普速铁路	高速铁路	一级边坡	二、三级边坡
≤5.0	1.0	0.95	1.0	1.0	1.1	1.0
>5.0	1.05	1.0	1.0	1.0		

5.4.3 挡土墙构件按正常使用状态设计时，应根据不同设计目的，分别采用作用（或荷载）效应标准组合、作用（或荷载）短期效应组合、作用（或荷载）长期效应组合进行设计，裂缝、挠度、变形等作用（或荷载）效应的设计值应符合下式的规定：

$$S_d \leqslant C_d \tag{5.4.3}$$

式中：S_d——正常使用极限状态作用（或荷载）效应的组合设计值，包括裂缝宽度、挠度、变形或位移等；

C_d——结构正常使用状态的限定值，包括裂缝宽度、挠度、变形或位移等的限定值。

5.4.4 装配式挡土墙结构设计应包括抗弯、抗剪、抗拉、墙顶水平变形和最大裂缝宽度验算。结构计算的作用（或荷载）应符合本规程第 5.2 节的有关规定，荷载的分项系数应符合国家现行标准的有关规定，并应符合下列规定：

1 铁路行业应符合国家现行标准《铁路路基支挡结构设计规范》（TB 10025）、《铁路工程抗震设计规范》（GB 50111）的规定。

2 公路行业应符合现行行业标准《公路路基设计规范》（JTG D30）、《公路工程抗震规范》（JTG B02）的规定。

3 建筑及市政工程行业应符合现行国家标准《建筑结构荷载规范》（GB 50009）、《建筑地基基础设计规范》（GB 50007）、《建筑抗震设计规范》（GB 50011）、《建筑与市政工程抗震通用规范》（GB 55002）的规定。

5.4.5 挡土墙结构及构件应按现行国家标准《混凝土结构设计规范》（GB 50010）等相关标准的要求进行计算。

5.5 构造要求

5.5.1 装配式挡土墙宜采用钢筋混凝土结构。当采用非钢筋混凝土结构时，应加强裂缝宽度验算。支挡边坡高度应符合设计要求。

5.5.2 预制构件及连接构造应符合下列规定：

1 应在结构方案和传力途径中确定预制构件的布置及连接方式，并进行整体结构分析和构件及连接设计。

2 预制构件的连接宜设置在结构受力较小处，且便于施工；结构构件之间的连接构造应满足结构传递内力的要求。

3 各类预制构件及其连接构造应按生产、运输、施工和使用过程中可能产生的不利工况进行验算。

4 连接件构造设计应便于构件安装，且有可靠的固定措施。

5 连接部位的承载力应保证被连接构件之间的传力性能。柔性连接部位允许局部错动，错动范围应满足局部稳定性的验算要求。

5.5.3 预制混凝土构件在生产、运输、施工过程中应按实际工况的荷载、计算简图、混凝土实体强度进行施工阶段验算，验算时应将构件自重乘以相应的动力系数。

条文说明

脱模、翻转、吊装、运输时动力系数可取1.5，临时固定时可取1.2。动力系数可根据具体情况适当增减。

5.5.4 装配式挡土墙应与其他支挡结构物、边坡等衔接平顺、环境协调。

5.5.5 在支挡结构纵向一定间隔、与其他建筑物相接处应设置沉降变形缝，在不同结构单元处和地层变化处应设置沉降变形缝。沉降变形缝纵向间距宜为10~15m。沉降变形缝的缝宽宜为20~30mm，缝内填塞材料可采用沥青麻筋或其他有弹性的防水材料，填塞深度不应小于0.2m。沉降缝与伸缩缝宜合并设置。

5.5.6 装配式挡土墙防渗与泄水布置应根据地形、地质、环境、水体来源及填料等因素分析确定，并符合下列规定：

1 应从墙背向外设置泄水孔，排水坡度不小于4%，泄水孔的位置及数量应根据墙背渗水情况合理布设，一般间距宜为2~3m。最底层距地面（设计水位）高度应大于30cm，宜采用管材。进水口宜采用透水土工布包裹。

2 泄水孔进水侧墙背应设置反滤层，反滤层宜采用袋装砂夹砾石、反滤土工布或其他新型材料。袋装砂夹砾石反滤层的厚度宜为30~50cm。

5.5.7 预制构件的吊装设计应能保证构件在吊装、运输过程中平稳受力，并应符合下列规定：

1 预制构件可采用内埋式螺母、内埋式吊杆或预留吊装孔，并采用配套的专用吊具或吊环吊装。内埋式螺母或内埋式吊杆的设计与构造，应满足起吊方便和吊装安全的要求。专用内埋式螺母或内埋式吊杆及配套的吊具，应根据相应的产品标准和应用技术规定选用。

2 吊环应采用未经冷拉的HPB300钢筋或Q235B圆钢，其锚入混凝土深度和吊环应力验算应符合现行国家标准《混凝土结构设计规范》（GB 50010）的规定。

3 设置预埋件、吊环、吊装孔及各种内埋式预留吊具时，应对构件在该处承受吊装荷载作用的效应进行承载力的验算，并应采取相应的构造措施，避免吊点处混凝土局部损伤。

条文说明

现行国家标准《混凝土结构设计规范》（GB 50010）要求HPB300钢筋的直径不大于14mm，因此当吊环直径小于或等于14mm时，可以采用HPB300钢筋；当吊环直径大于14mm时，可采用Q235B圆钢。

5.6 装配式悬臂挡土墙和装配式扶壁挡土墙设计

5.6.1 挡土墙宜按照模块化设计，墙高级差宜取 0.25m。荷载设计及组合应符合本规程第 5.2 节的有关规定，基础设计应符合本规程第 5.3 节的有关规定。

条文说明

墙高级差数值根据已有施工经验确定。

5.6.2 作用于挡土墙的土压力可按库仑理论进行计算，并应符合下列规定：
1 计算挡土墙整体稳定性和立板内力时，可不考虑挡土墙前底板以上土的影响；在计算墙趾板内力时，应计算底板以上填土的自重。
2 计算挡土墙实际墙背和墙踵板的土压力时，可不计填料与板间的摩擦力。

条文说明

（1）挡土墙的土压力计算可以参考现行行业标准《铁路路基支挡结构设计规范》（TB 10025）。对于路肩墙（墙顶以上填土不大于 1.0m），作用在墙背的水平土压力与踵板的竖向土压力分布如图 5-2 所示，荷载产生的水平土压力可按下式计算。

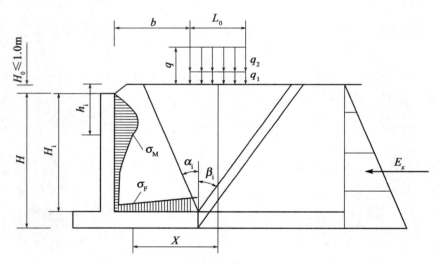

图 5-2 墙背水平土压力与踵板竖向土压力分布图

α_i-墙背第二破裂面与竖直方向的夹角；β_i-第一破裂面与竖直方向的夹角

$$\sigma_{hi} = \frac{q}{\pi}\left[\frac{bh_i}{b^2+h_i^2} - \frac{h_i(b+l_0)}{h_i^2+(b+l_0)^2} + \arctan\frac{b+l_0}{h_i} - \arctan\frac{b}{h_i}\right] \quad (5-4)$$

式中：σ_{hi}——荷载产生的水平土压力（kN）；

b——荷载边缘至立板的距离（m）；

h_i——墙背距路肩的垂直距离（m）；

q——作用在路基面上的列车、轨道、人群和车辆单位荷载（kN/m²）；

l_0——荷载分布宽度（m）。

（2）在踵板上荷载产生的竖向土压力可按下式计算。

$$\sigma_v = \frac{q}{\pi}\left(\arctan X_1 - \arctan X_2 + \frac{X_1}{1+X_1^2} - \frac{X_2}{1+X_2^2}\right) \qquad (5\text{-}5)$$

$$X_1 = \frac{2x+l_0}{2(H_1+H_s)}, X_2 = \frac{2x-l_0}{2(H_1+H_s)} \qquad (5\text{-}6)$$

式中：σ_v——荷载在踵板上产生的竖向压应力（kPa）；

x——计算点至荷载中线的距离（m）；

H_1——立板的高度（m）；

H_s——墙顶以上填土高度（m）。

（3）填料产生的库仑主动土压力可按下式进行计算。

$$E_x = \frac{W}{\tan(\theta+\varphi_0)+\tan(\delta-\alpha)} \qquad (5\text{-}7)$$

$$E_y = E_x \tan(\delta-\alpha) \qquad (5\text{-}8)$$

式中：E_x——墙背所承受的水平土压力（kN）；

E_y——墙背所承受的竖向土压力（kN）；

W——破裂棱体的重力及破裂面以内的路基面上荷载产生的重力（kN）；

θ——墙背岩土内产生的破裂面与竖直面的夹角（°）；

α——墙背倾角（°）；

δ——墙背摩擦角（°）；

φ_0——墙背土体综合内摩擦角（°）。

（4）设置于路堤边坡时，墙背水平土压力分布如图 5-3 所示，填料和路基面以上荷载产生的土压力均可根据库仑理论按下式计算。

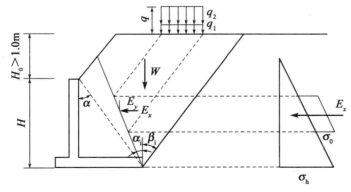

图 5-3　墙背水平土压力分布图

$$E_x = \frac{W}{\tan(\beta_i + \varphi_0) + \tan(\delta + \alpha_i)} \quad (5\text{-}9)$$

$$E_y = E_x \tan(\delta + \alpha_i) \quad (5\text{-}10)$$

式中：δ——墙背摩擦角（°），$\delta = \varphi_0$；

α_i——墙背第二破裂面与竖直方向的夹角（°）；

β_i——第一破裂面与竖直方向的夹角（°）。

5.6.3 挡土墙的稳定性计算应符合本规程第5.3.3条的规定，挡土墙构件的内力计算应符合下列规定：

1 可取单位墙长进行内力计算。按地基承载力和稳定性验算，确定底板的宽度；根据构件正截面抗弯、抗剪承载力、构件变形及裂缝宽度验算，确定面板、底板的截面几何尺寸及钢筋配置。

2 装配式悬臂挡土墙的立板、踵板应按悬臂梁计算。趾板和踵板整体浇筑施工时，趾板可按固定在立板与踵板结合部的悬臂梁进行计算。

3 采用预制抗滑块代替前趾板时，与立板和踵板为铰接，在计算组合荷载引起踵板端部的竖向压应力时，应扣除趾板的弯矩在踵板上引起的竖向荷载。

4 扶壁可按锚固在底板上的 T 形截面悬臂梁计算，立板为梁截面的翼缘板，扶壁为腹板。

5 装配式扶壁挡土墙立板上的作用力，可沿墙高呈梯形分布，如图5.6.3a）所示。立板竖向弯矩沿墙高方向分布如图5.6.3b）所示；立板竖向弯矩沿墙长方向呈台阶形分布，如图5.6.3c）所示。面板沿墙长方向的弯矩，可按以扶壁为支点的连续梁计算。

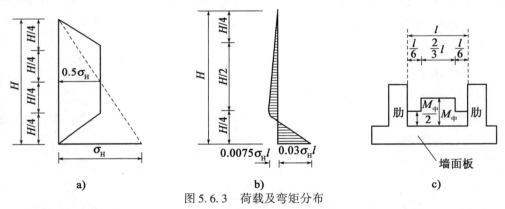

图 5.6.3 荷载及弯矩分布

$M_\text{中}$-板跨中弯矩；H-立板高度；σ_H-墙面板底端填料引起的法向土压力；l-扶臂之间的净距

条文说明

（1）永久构件应验算地基承载力、稳定性，正截面抗弯、抗剪承载力、构件变形及裂缝宽度等。

（2）临时构件应验算地基承载力、稳定性，正截面抗弯、抗剪承载力、影响承载能力的构件变形等。

(3) 采用预制抗滑块代替前趾板的优点是方便挡土墙预制、运输及安装，缺点是会导致悬臂板根部内力增加，增大配筋量，故应根据实际需求选用。

5.6.4 整体装配式扶壁挡土墙每节长度不宜超过3m，装配式悬臂挡土墙每节长度不宜超过5m。

条文说明

考虑到预制构件的起吊重量和运输限宽、限高要求，根据已有的施工经验和安全性要求，对整体装配式扶壁挡土墙和装配式悬臂挡土墙的预制长度提出建议性要求，方便施工吊装和运输、确保安全。当吊装设备起重能力大、道路运输条件较好时，在能保证吊装和运输安全的情况下，可以根据实际情况适当放宽要求。

5.6.5 沉降缝、伸缩缝、泄水孔设置应符合本规程第5.5.5条和第5.5.6条的规定。

5.7 装配式锚杆挡土墙设计

5.7.1 装配式锚杆挡土墙可由锚杆、肋柱、预制挡土构件、基础和压顶梁构成。

条文说明

装配式锚杆挡土墙墙面形式较多，通常采用现浇肋柱和预制挡土构件形式或预制肋柱和预制挡土构件形式，本规程中以技术较成熟的预制挡土构件、现浇肋柱的肋板式锚杆挡土墙为例进行结构示意说明。

装配式锚杆挡土墙预制挡土构件结构与安装示意图如图5-4所示。

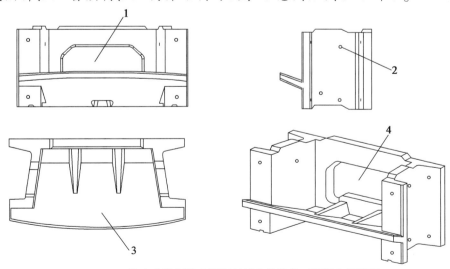

a) 装配式锚杆挡土墙预制挡土构件的三视图和透视图

图 5-4

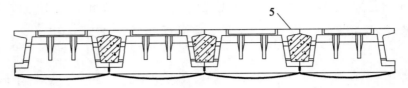

b)装配式锚杆挡土墙安装示意图

图 5-4 装配式锚杆挡土墙预制挡土构件结构与安装示意图

1-排水窗；2-预制构件吊装孔；3-植生板；4-排水窗；5-U形扣

5.7.2 荷载设计及组合应符合本规程第5.2节的有关规定。

5.7.3 墙背主动土压力可按库仑理论计算，锚杆挡土墙为多级时，可按实际墙背法或延长墙背法计算墙背土压力。对不需进行边坡变形控制的锚杆挡土墙，其侧向岩土压力应按下式计算：

$$E'_b = \gamma_x E_b \quad (5.7.3)$$

式中：E'_b——岩土压力的水平分力修正值（kN/m）；

E_b——主动岩土压力的水平分力（kN/m）；

γ_x——岩土压力修正系数，应根据岩土类别和锚杆类型按表5.7.3确定。

表 5.7.3 锚杆挡土墙侧向岩土压力修正系数 γ_x

锚杆类型	非预应力锚杆		预应力锚杆	
岩土类别	自由段为土层	自由段为岩层	自由段为土层	自由段为岩层
γ_x	1.1～1.2	1.0	1.2～1.3	1.1

5.7.4 对岩质边坡以及坚硬、硬塑状黏性土和密实、中密砂土类边坡，岩土压力分布可按图5.7.4确定，其中σ_b可按式（5.7.4-1）和式（5.7.4-2）计算。

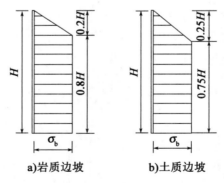

a)岩质边坡　　b)土质边坡

图 5.7.4 锚杆挡土墙侧向岩土压力分布

对岩质边坡：

$$\sigma_b = \frac{E'_b}{0.9H} \quad (5.7.4\text{-}1)$$

对土质边坡：

$$\sigma_{\mathrm{b}} = \frac{E'_{\mathrm{b}}}{0.875H} \tag{5.7.4-2}$$

式中：σ_{b}——岩土压力水平应力（kN/m²）；

H——锚杆挡土墙高度（m）。

5.7.5 肋柱基础底面的地基承载力验算应符合本规程第5.3.2条的规定。

5.7.6 预制挡土构件、肋柱等内力计算，以及锚杆的抗拉、抗拔计算应符合国家现行标准的有关规定，并应符合以下规定：

1 铁路行业应符合现行行业标准《铁路路基支挡结构设计规范》（TB 10025）的规定。

2 公路行业应符合现行行业标准《公路路基设计规范》（JTG D30）、《公路挡土墙设计与施工细则》的规定。

3 建筑及市政工程行业应符合现行国家标准《建筑边坡工程技术规范》（GB 50330）、《建筑地基基础设计规范》（GB 50007）的规定。

5.7.7 肋柱设计应符合下列规定：

1 肋柱的截面尺寸除应满足强度、刚度和抗裂要求外，还应满足挡板的支座宽度、锚杆钻孔和锚固等要求。肋柱截面宽度不宜小于300mm，截面高度不宜小于400mm。

2 肋柱基础应置于稳定的地层内，可采用独立基础、条形基础等形式。

3 混凝土强度等级不应低于C35。

4 钢筋间距、尺寸应根据结构计算等因素确定。

5 肋柱箍筋宜在锚杆设计处加密；当采用预应力锚杆时，肋柱箍筋应在锚杆设计处加密。

6 伸缩缝应设置在肋柱与肋柱之间的中部。

条文说明

（1）肋柱在锚杆节点处所受剪力最大且易破坏，宜结合肋柱结构内力计算对节点处箍筋加密，箍筋单方向加密长度不宜小于500mm，加密区范围内不设置纵向钢筋接头。

（2）肋柱采用装配式时，其内外两侧应配置通长受力钢筋。

5.7.8 锚杆设计应符合下列规定：

1 锚杆可设计为双层或多层，层间距不宜小于2m。

2 锚杆可按弯矩相等或支点反力相等的原则布置，向下倾斜。每层锚杆与水平面的夹角宜为15°~25°，不应大于45°。

3 宜采用非预应力的全长黏结型锚杆。

4 锚杆规格型号、间距、长度和角度等参数应根据边坡地质情况而定，并予以验算。

5 锚杆保护层厚度不宜小于 25mm。

5.7.9 预应力锚杆的锚固段长度，在岩层中宜为 3~8m，在土层中宜为 4~10m，自由段长度不应小于 5m，且穿过潜在滑裂面的长度不应小于 1.5m。

5.7.10 压力型锚杆应根据锚固段注浆体承压面积验算其轴心抗压强度。

条文说明

压力型锚杆是一种新型锚杆，其受力性、工艺、工作状态与拉力型锚杆不同，最大不同之处在于受荷后其锚固段灌浆体处于受压状态。

5.7.11 预应力锚杆初始预加力的确定应符合下列规定：
1 锚杆墙位移控制要求较高时，初始预加力值宜为锚杆拉力设计值。
2 锚杆墙位移控制要求较低时，初始预加力值宜为锚杆拉力设计值的 0.70 倍~0.85 倍。
3 锚固地段位于特殊地层时，其初始预加力值可根据设计要求确定。

5.7.12 挡土墙基础应有一定埋置深度，土质或软质岩石地基不应小于 1m，硬质岩石地基不应小于 0.6m。

5.7.13 沉降缝、伸缩缝、泄水孔的设置应符合本规程第 5.5.5 条和第 5.5.6 条的规定。

5.8 装配式榫接挡土墙设计

5.8.1 装配式榫接挡土墙适用于一般地区和地震地区，结构可按图 5.8.1 布置。

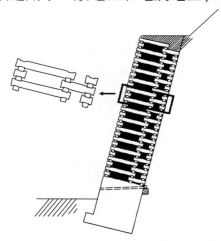

图 5.8.1 装配式榫接挡土墙

条文说明

装配式榫接挡土墙对地基承载力要求较低，一般地区和地震地区均适用。在滑坡、崩塌、腐蚀性地段、膨胀土地段、松散土质边坡以及地下水较发育地段不宜采用。

5.8.2 墙高不宜大于10m，边坡较高或顺层地段应与其他措施联合使用。

5.8.3 设计荷载分类及组合应符合本规程第5.2节的有关规定。

5.8.4 作用于挡土墙墙背上的压力强度可按式（5.8.4-1）～式（5.8.4-3）进行计算。

$$E = \frac{f}{S_h} - \gamma_{坡} h K_a \cos\delta \quad (5.8.4\text{-}1)$$

$$f = \mu W_h \sin\varepsilon \quad (5.8.4\text{-}2)$$

$$K_a = \frac{\cos^2(\varphi - \varepsilon)}{\cos^2\varepsilon \cos(\delta + \varepsilon)\left[1 + \sqrt{\frac{\sin(\delta + \varphi)\sin(\varphi - \beta)}{\cos(\delta + \varepsilon)\cos(\varepsilon - \beta)}}\right]^2} \quad (5.8.4\text{-}3)$$

式中：E——墙背压力强度（kN/m²）；
　　　f——构件之间的摩擦力（kN）；
　　　S_h——深度 h 处的构件与墙背接触面积（m²）；
　　　$\gamma_{坡}$——挡土墙后填土的重度（kN/m³）；
　　　W_h——深度 h 处构件所受的重力（kN）；
　　　h——方向坐标轴原点沿 y 轴向下的任一深度（m）；
　　　μ——构件之间的摩擦系数；
　　　K_a——主动土压力系数；
　　　β——填土表面的倾角（°）；
　　　φ——墙后填土的内摩擦角（°）；
　　　δ——墙背与填土间的摩擦角（°）；
　　　ε——墙背倾角（°）。

5.8.5 作用于挡土墙墙背上的土压力分布如图5.8.5所示，墙背上的主动土压力可根据库仑土压力理论按式（5.8.5）进行计算。

$$P_a = \frac{1}{2} E_H \cdot H \quad (5.8.5)$$

式中：P_a——挡土墙墙背所受土压力（kN/m）；
　　　E_H——挡土墙墙底所受土压力强度（kPa），可按本规程第5.8.4条的规定进行计算。

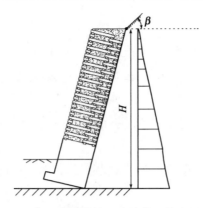

图 5.8.5 装配式榫接挡土墙墙背上的土压力分布

5.8.6 挡土墙的整体稳定性计算应符合本规程第 5.3.3 条的规定。挡土墙的自重包含构件自重和填料自重两部分。

5.8.7 挡土墙构件的局部稳定性设计应考虑构件间的摩擦力以及挡土墙墙背实际受力情况，局部稳定性系数 K'_s 按式（5.8.7）计算，K'_s 不应小于 1.3，其中公路行业挡土墙还应满足现行行业标准《公路路基设计规范》（JTG D30）规定的滑动稳定方程。

$$K'_s = \frac{(G_h + P_{ay})\mu}{P_{ax}} \tag{5.8.7}$$

式中：K'_s——局部稳定性系数；
  P_{ay}——土压力 P_a 竖向分力（kN/m）；
  P_{ax}——土压力 P_a 水平分力（kN/m）；
  G_h——深度 h 处挡土墙自重（kN/m）。

条文说明

式（5.8.7）以靠近土坡方向最为危险的纵梁列为研究对象，其局部稳定性主要依靠以上各构件和填土的重力、墙背土压力竖向分力所提供的摩擦力以及抵抗墙后的土压力水平分力，计算模型如图 5-5 所示。

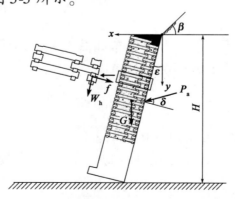

图 5-5 装配式榫接挡土墙设计计算模型

5.8.8 基础设计应符合下列规定：

1 基础埋置深度应从坡脚排水沟底起算。基础埋入地面的深度应满足本规程第5.3.1条和第5.3.3条的规定。

2 宜采用混凝土基础，第一层纵梁嵌入基础深度不应小于20mm，并应采用与基础同强度砂浆卧底和填塞密实。

3 基础露出地面的高度应满足横向排水管的设置要求，横向排水管沿墙长方向的布置间距宜为1~1.5m。

5.8.9 挡土墙构件应包括横梁构件（图5.8.9-1）、纵梁构件（图5.8.9-2）。

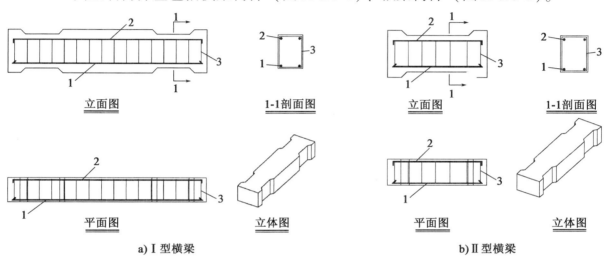

图5.8.9-1 横梁构件示意图

1-横梁构件的下部受力主筋；2-横梁构件的上部受力主筋；3-横梁构件的箍筋

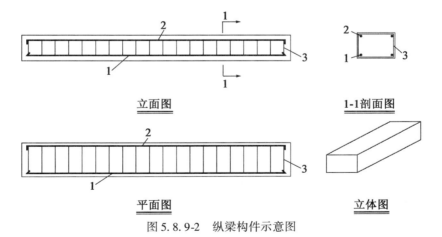

图5.8.9-2 纵梁构件示意图

1-纵梁构件下部受力主筋；2-纵梁构件上部受力主筋；3-纵梁构件箍筋

条文说明

构件安装方式如下：

（1）纵梁安放在墙延伸方向上，上下两层纵梁应分层错缝。

（2）横梁安放在垂直于墙延伸方向上，与纵梁形成框架结构。

具体纵梁、横梁尺寸和钢筋型号、数量以设计要求为准。根据已施工项目的成功经验，生产的横梁、纵梁构件的结构尺寸如图5-6、图5-7所示。

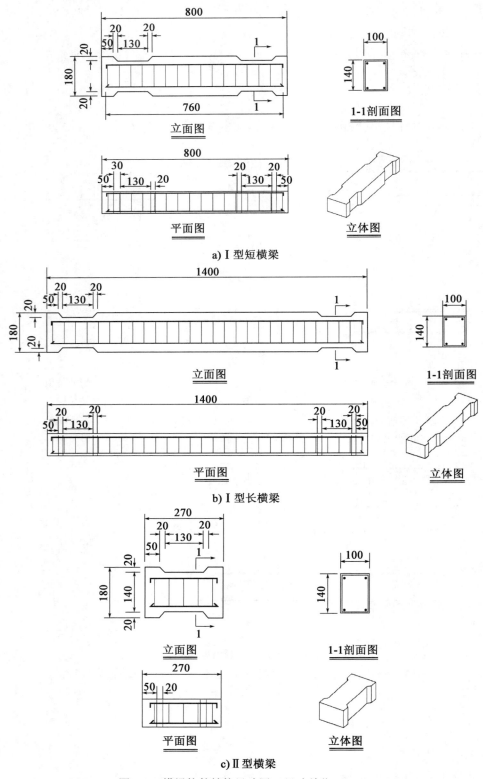

图 5-6 横梁构件结构尺寸图（尺寸单位：mm）

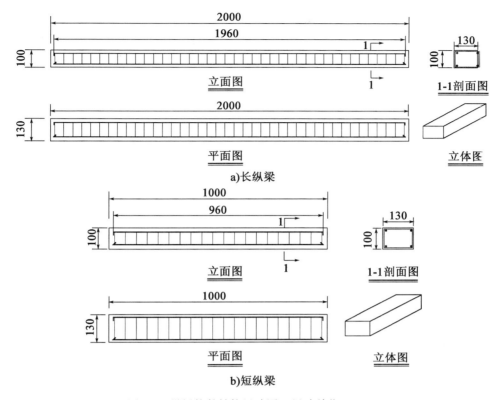

图 5-7 纵梁构件结构尺寸图（尺寸单位：mm）

5.8.10 挡土墙应根据计算确定墙身断面尺寸。

条文说明

根据已施工项目的成功经验，挡土墙的拼装可选择如下方式：

(1) 挡土墙高度小于 2.5m 时，宜采用Ⅰ型短横梁、长纵梁、短纵梁，可按图 5-8 进行拼装。

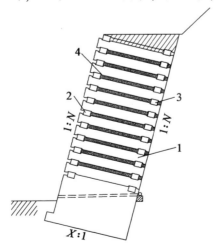

图 5-8 挡土墙高度小于 2.5m 时推荐组合墙

1-Ⅰ型短横梁；2-长纵梁；3-短纵梁；4-抗剪强度高和透水性较强的填料

（2）挡土墙高度处于 2.5~4.5m 时，宜采用Ⅰ型长横梁、长纵梁、短纵梁，可按图 5-9 进行拼装。

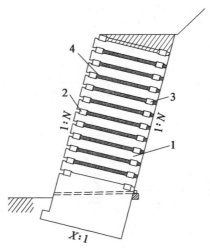

图 5-9　挡土墙高度处于 2.5~4.5m 时推荐组合墙
1-Ⅰ型长横梁；2-长纵梁；3-短纵梁；4-抗剪强度高和透水性较强的填料

（3）挡土墙高度处于 4.5~8m 时，宜采用Ⅰ型短横梁、Ⅰ型长横梁、Ⅱ型横梁、长纵梁、短纵梁，可按图 5-10 进行拼装。

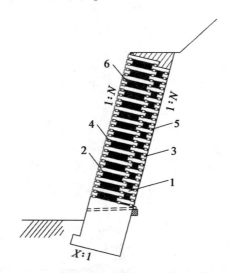

图 5-10　挡土墙高度处于 4.5~8m 时推荐组合墙
1-Ⅰ型短横梁；2-Ⅰ型长横梁；3-Ⅱ型横梁；4-长纵梁；5-短纵梁；6-抗剪强度高和透水性较强的填料

5.8.11　沉降缝、伸缩缝的设置应符合本规程第 5.5.5 条的规定。

5.8.12　挡土墙在基础上部应设置泄水孔，且应符合本规程第 5.5.6 条的规定；预制构件安装前，墙体与坡面之间应铺设反滤土工布。

6 挡土墙预制构件生产

6.1 一般规定

6.1.1 装配式挡土墙预制单位应具备相应的预制生产工艺设备和设施、必要的试验检测条件和能力，应建立完善的质量、安全、环境和职业健康管理体系。

条文说明

实用、高效的智能生产线对装配式挡土墙的预制工作非常重要。以某装配式挡土墙智能生产线为例，装配式挡土墙智能生产线（图6-1）与普通生产线相比，采用环形生产线设置，生产效率提高了4倍，其具备以下特点：

（1）生产线实现高度智能化，工序衔接紧凑，实现了流水作业。可按1+2线制布置（一条生产线、两个蒸汽养护室），节拍控制为30min，作业线工位4个（包含脱模、清模涂油、钢筋安装和顶模安装）、浇筑工位1个、抹面工位1个、养护窑车位10个，蒸养时间5h。

（2）挡土墙模板尺寸可调节，实现多种高度挡土墙共用一套模板。

（3）模板顶模和侧模为侧开，减少模板安折工序，提高施工效率。

（4）整体式模板内模设置拔模角度，整体吊装。

（5）浇筑工位设有超大振动台，利用振动台带动模板振动，达到混凝土密实效果，减少附着式平板振动器的使用。

（6）设置蒸养房，脱模时间缩短至5h，提高施工效率。

图6-1 装配式挡土墙智能生产线

6.1.2 预制构件生产宜采用自动化控制设备。

6.1.3 预制构件生产应建立首件验收制度。

条文说明

首件试预制的对象包括各结构形式和尺寸型号的预制构件，每种构件试预制数量不应少于3个；应验证预制施工工艺、操作方法的可靠性、合理性，总结最佳工艺参数；首件试预制前，应完成相应的技术方案审批程序和施工准备工作，并进行施工前各项准备工作的验收，包括施工文件、人员配置、模板、模板底座、机械设备、原材料和混凝土配合比等内容，验收合格后方可开始试预制；试预制后，应及时对各项技术和质量指标进行评价和总结。

6.1.4 预制构件检验合格后应设置标志，标志应位置醒目、内容简洁，可采用二维码方式。

6.1.5 组合装配式扶壁挡土墙构件出场前应进行试拼装并编号。

6.2 生产准备

6.2.1 构件生产前应编制专项施工方案，并进行质量、安全、环境保护、技术措施及操作规程的交底和培训。

6.2.2 预制场应进行合理规划布局，并应符合下列规定：
1 场地规模应结合预制构件的数量、养护方式、预制工期及存储周期，并综合考虑生产、办公、生活的需求，合理确定用地规模。
2 场地布局应根据构件浇筑、养护、存放及运输等因素统筹规划，根据生产和管理分区设置，宜划分为钢筋加工区、构件预制区、混凝土养护区、构件存放区和办公区等。
3 预制场地基应根据地质条件和使用分区进行硬化处理，构件浇筑区和存放区台座下地基应满足存放要求。

6.2.3 预制场应根据构件尺寸、重量和工艺要求，配备相应的生产、起吊、养护和运输等各类机械设备，并应符合下列规定：
1 构件生产前应对所有使用的仪器、仪表进行检定、校准或功能检验合格。
2 起重机械等特种设备以及自动喷淋装置、蒸养棚应具有检验合格证明及计量检定，其安装、调试、拆卸应由具备相应资质的专业技术人员操作。
3 机械设备应在显著位置悬挂操作规程标志牌，标明设备名称、型号、操作方法、保养要求、安全注意事项等。

4 应定期对设备进行检修,并建立设备使用、检修、维护台账,保证设备安全可靠、运转正常。

6.2.4 各类原材料进场后应按材料性能和用途合理选择存放场地,堆放整齐,并设立标志牌,标明规格、产地、数量和检验状态等信息。

6.2.5 构件生产前应检查模板、预埋件定位和预留孔等情况。

6.3 模板工程

6.3.1 模具应具有足够的强度、刚度和整体稳固性,宜采用钢模,并应符合下列规定:

1 模具设计应装拆方便,并应满足预制构件尺寸、生产工艺和周转次数等要求。
2 模具各部件之间应连接牢固、接缝紧密,预埋件或预留孔定位装置应位置准确、安装牢固。

条文说明

拼装好的模具如图 6-2 所示。

图 6-2 拼装好的模具

6.3.2 模具基础应坚实、平整,承载力满足要求。

6.3.3 模具进场后,应对模具的尺寸、数量进行检查验收。在使用中,应定期对模具进行检验。

6.3.4 模具的组装和拆除应符合下列规定:
1 组装前应清理模具,内表面不应有杂物和浮锈。

2 模具内表面应均匀涂刷脱模剂，无漏刷、堆积现象。
3 模具组装完成后，应检查内腔尺寸。
4 拆模过程中不应用重物锤击模具。

6.4 钢筋工程

6.4.1 钢筋的规格、下料尺寸、弯制等应符合设计要求，加工应符合下列规定：
1 构件的钢筋宜采用数控机具加工，实行流水作业。
2 钢筋的表面应洁净、无损伤，使用前应调直、无局部弯折，并将表面的油渍、锈蚀等杂质清除干净。
3 钢筋宜采用机械设备进行调直，钢筋调直过程中不应损伤带肋钢筋的横肋。

6.4.2 钢筋的焊接及验收应符合现行行业标准《钢筋焊接及验收规程》（JGJ 18）的有关规定。

6.4.3 钢筋骨架宜在具有定位功能的胎架上制作，并应符合下列规定：
1 预埋件、吊环及预留孔的型号、数量、位置等应符合设计要求。
2 预留孔周边应根据设计要求进行加筋处理。
3 当钢筋骨架采用焊接时，应按施焊顺序焊接，焊接后的钢筋应线形平顺、位置准确。
4 当钢筋骨架采用绑扎时，宜选用镀锌钢丝。
5 钢筋骨架内外侧及下端面应设置保护层垫块，垫块的强度等级不应低于混凝土主体强度等级。

条文说明

制作完成的悬臂式、扶壁式挡土墙构件钢筋骨架应单独存放，不可叠加，如图6-3所示。

a) 钢筋绑扎胎架　　　　　　b) 成型的悬臂式挡土墙钢筋骨架

图 6-3

c) 成型的扶臂钢筋骨架

图 6-3　钢筋骨架

6.4.4 钢筋骨架入模前，应对钢筋的规格、尺寸、数量和间距等进行检查；入模后，应对保护层厚度和预埋件位置等进行检查。

6.4.5 钢筋骨架存放时，应在钢筋骨架间设置垫木，存放高度应根据钢筋骨架的形状、强度等确定，并应满足安全要求，方便吊装。

6.4.6 钢筋骨架宜采用防止骨架变形的专用吊具进行吊运。

6.4.7 浇筑混凝土前应检查下列项目：
　1　钢筋的数量、位置和间距。
　2　纵向受力钢筋的连接方式、接头位置、接头质量、接头面积百分率、搭接长度、锚固方式及锚固长度。
　3　箍筋弯钩的弯折角度及平直段长度。
　4　钢筋的混凝土保护层厚度。
　5　预埋件、吊具、插筋、灌浆套筒或金属波纹管、预留孔洞的数量、位置及固定措施。

6.5　混凝土工程

6.5.1 混凝土应集中拌和，应采用自动计量装置，各种衡器的精度应符合要求。

6.5.2 混凝土配合比可按现行行业标准《普通混凝土配合比设计规程》（JGJ 55）的规定进行设计，并应通过试配确定。

6.5.3 混凝土浇筑应符合下列规定：
　1　混凝土浇筑前，应对预埋件及预留钢筋的外露部分采取有效措施以防止被污染。
　2　混凝土应连续浇筑成型。混凝土从出机到浇筑完毕的延续时间，气温高于25℃时不宜超过60min，气温不高于25℃时不宜超过90min。

3 混凝土振捣应根据预制条件选用振动平台、附着式振动器和振捣棒等方式进行。

4 采用振动平台时，应先通过工艺试验确定振捣参数、有效振捣范围，有效范围以外可采用附着式振动器。

5 采用振捣棒辅助振捣时，不应扰动预埋件和钢筋骨架。

6 振捣时间以混凝土停止沉落，模具边角部位泛浆时为宜。

7 基础混凝土浇筑期间，应按规定留置标准养护试件，设计文件有同条件养护要求时，还应留置同条件下养护的混凝土试块。

条文说明

（1）常见的钢筋防锈临时措施有套装聚氯乙烯管（PVC管）、刷水泥浆、涂抹防锈油后缠绕薄膜等。

（2）采用振动台对预制构件进行振捣，以某装配式挡土墙智能生产线为例，其振动台如图6-4所示，振动台有6个气囊，每个气囊顶升荷载3t；支撑油缸12根（HSG-63X50-D45），顶升荷载为48t，压力为130kg/cm²；振动电机横向振动台有3组，每组振动电机有2个，共有6个，电机功率为2.2kW，每一个电机的激振力为30kN；中间有一组纵向振动台，共有6个，电机功率为1.1kW，每一个电机的激振力为15kN；振动电机调节频率的范围为0~50Hz。

图6-4 振动台

6.5.4 混凝土应进行抗压强度检验，检验标准应符合现行国家标准《混凝土结构施工质量验收规范》（GB 50204）的有关规定，并应符合下列规定：

1 每拌制100盘且不超过100m³的同一配合比混凝土，每工作班拌制的同一配合比的混凝土不足100盘为一批。

2 每批制作强度检验试块不少于5组，随机抽取1组进行同条件转标准养护后进行强度检验，其余可作为同条件试件在装配式挡土墙脱模和出厂时控制其混凝土强度。

3 采用蒸汽养护的构件，其混凝土强度评定试块应先随构件同条件蒸汽养护，再转入标准条件下养护，累计养护时间应为28d。

4 构件出厂时混凝土强度不应低于设计强度的100%。

6.5.5 混凝土构件拆模应符合下列规定：

1 除设计有要求外，非承重侧拆模前混凝土抗压强度应达到2.5MPa，且能保证其表面及棱角不致因拆模而受损坏；承重侧拆模前混凝土抗压强度应达到设计强度的75%，预应力混凝土抗压强度应达到设计强度的100%。

2 构件表面温度与环境温度的差值不宜超过25℃。

条文说明

装配式挡土墙大型预制构件拆模时，应先拆卸侧模板与底模固定螺栓，然后拆卸端模与底模连接螺栓，打开端模板。模板的拆卸顺序不能倒转，注意端板要充分打开。拆模过程中不得使用锤打、敲击等野蛮操作，如图6-5所示。

a)拆卸螺栓　　　　　　　　　　　　b)起重机整体拆模、起吊构件

图6-5　装配式挡土墙大型预制构件拆模

拆模使用门式起重机，人工配合进行，两人分别在模具两旁轻扶挡土墙，由专人指挥吊机使吊索抻直，重心平稳后，向起重机司机发出起吊信号，使挡土墙与模具脱离。

6.5.6 混凝土养护应符合下列规定：

1 根据季节、环境温度和工期等因素合理选取养护方式。
2 混凝土收面工序完成后应覆盖保湿、养护。
3 采用蒸汽养护时，应合理控制升温、降温速度和最高温度，构件表面宜保持90%~100%的相对湿度，根据现场试验确定最佳养护参数。
4 普通硅酸盐水泥或矿渣硅酸盐水泥拌制的混凝土养护时间不应少于7d，对掺用缓凝型外加剂的混凝土，不应少于14d。
5 养护宜采用自动喷淋系统或在构件表面喷涂养护剂。

条文说明

混凝土预制构件的蒸汽养护参数可根据试验确定。以位于广东省的某装配式挡土墙预制构件智能化生产线为例，蒸汽养护采用带模养护，确定最优参数过程如下。

通过试验1，对比混凝土强度与养护温度的关系，见表6-1。

表6-1 混凝土强度与养护温度的关系

试验条件	时间	湿度	温度（℃）	试块编号	混凝土强度（MPa）
时间及湿度条件一定，改变温度	静停2h，快速养护5h	≥90%RH	40	1	20.2
				2	20.7
				3	22.3
			45	1	30.9
				2	32.5
				3	32.0
			50	1	34.5
				2	35.4
				3	36.4
			55	1	38.0
				2	38.6
				3	38.1

通过试验2，对比混凝土强度与养护时间的关系，见表6-2。

表6-2 混凝土强度与养护时间的关系

试验条件	时间	湿度	温度（℃）	试块编号	混凝土强度（MPa）
温度及湿度条件一定，改变时间	静停2h，快速养护6h	≥90%RH	55	1	39.6
				2	39.8
				3	39.4
	静停2h，快速养护7h			1	41.1
				2	41.4
				3	40.7

根据试验数据，从效率及经济角度出发，最终确定蒸养时间5h、蒸养温度55℃、蒸养湿度90%RH，能够满足构件拆模、吊装运输强度要求。

6.6 场内运输及存放

6.6.1 预制构件的场内吊装及运输应符合下列规定：

1 吊装前应检查起重设备、吊绳、吊具等。

2 场内运输和吊装时，预制构件混凝土强度应符合设计要求，且不低于设计强度的75%。仍在养护期内的构件安置后应继续养护。

3 构件运输时，应采取固定措施防止构件移动或倾倒，对构件边角部宜设置保护衬垫。

6.6.2 构件场内存放应符合下列规定：

1 构件的存放场地地基承载力应满足堆放荷载要求，排水通畅。

2 构件应按拼装顺序、规格、编码等分区存放，各分区间运输通道宽度应满足设备行走、调转需求。

3 构件支撑垫块宜选用枕木、橡胶板等弹性支撑物，支撑应稳定可靠。

4 构件叠层平放时，堆放层数应根据构件、垫块的承载力确定，构件层与层之间应垫平、垫实，各层支垫应上下对齐，并采取有效措施防止构件倾覆。

条文说明

装配式悬臂和扶壁挡土墙预制构件不宜采用叠放方式存放；其他装配式挡土墙预制构件叠放高度不宜超过2m。

7 挡土墙构件场外运输与临时存放

7.1 一般规定

7.1.1 挡土墙构件运输应制定专项方案，内容包括运输设备、运输路线、运输时间、构件运输顺序及成品保护措施等。

7.1.2 挡土墙构件运输宜与施工现场安装进度匹配，不应在施工区域长期存放。

条文说明

如果因为特殊原因需要长期存放构件，在使用前应对构件进行检验。

7.2 场外运输

7.2.1 构件运输前应组织司机、安全员等相关人员对运输道路的情况进行查勘，规划好最优运输路线。

条文说明

运输线路应平坦，地基应有足够的承载能力，最小平面曲线半径应不小于运输车的允许转弯半径，同时在运输车通过的限界内不应有障碍物。

7.2.2 构件装卸前应核对预制构件质量验收合格资料及构件编号。

7.2.3 预制构件的运输车辆应满足构件尺寸和载重要求，装卸与运输除应符合本规程第 6.6.1 条的规定外，还应符合下列规定：
1 装卸构件时，应采取保证车体平衡的措施。
2 当采用叠层平放的方式运输构件时，应采取构件间防碰撞措施。
3 运输车辆应缓慢启动，匀速行驶，不应超速、猛拐、急刹车，并根据路面状况调整行车速度。

7.3 临时存放

7.3.1 应根据装配式挡土墙专项施工方案制订现场运输与存放计划。

7.3.2 构件运送到现场后，宜按规格、种类、使用部位和吊装顺序分别设置存放场地。存放场地宜设置在起重设备的有效起重范围内。

7.3.3 临时存放场地表面应坚实平整，并设有排水措施。

7.3.4 预制构件可采用插放或靠放存放，支架应有足够的刚度，并支垫稳固。预制构件宜对称靠放、饰面朝外。

7.3.5 预制板类构件可采用叠放方式存放，并应符合本规程第 6.6.2 条第 4 款的规定。

7.3.6 预制构件存放时，预埋吊件应朝上放置，方便吊装。

8 挡土墙施工

8.1 一般规定

8.1.1 施工前应制定现场拼装测量方法，并建立满足拼装精度要求的施工测量控制网。

8.1.2 施工前应进行施工调查及现场核对，发现实际地形与设计资料不符时，应及时提出设计变更。

8.1.3 施工前应采取有效措施截排地表水和导排地下水。

8.1.4 边坡坡面的处理宜平缓、顺直，坡比应符合设计要求。

8.1.5 基坑开挖前应对现场进行核查，确保附近的光缆、电缆等设施安全；同时，对坡面不稳定岩体进行加固或清除。

8.1.6 基坑开挖应分段分层跳槽开挖，每段连续开挖长度不宜超过20m，并采取必要措施保证边坡稳定。

8.1.7 基坑开挖完成后不应长期暴露和积水浸泡，应及时进行验收，验收合格后进行下道工序施工。

8.1.8 地基处理时，若实际地质情况与设计不符，应及时反馈设计、监理和建设等单位。

8.1.9 采用特殊措施加固地基时，应编制专项施工技术方案，且在有代表性的场地进行试验性施工，并进行承载力和变形测试。

8.1.10 预制构件安装前，应根据现场条件制定吊装方案，并报监理单位审批通过后实施。

8.1.11 挡土墙施工应按设计要求设置沉降缝、伸缩缝。

8.1.12 挡土墙安装过程中，应采取有效措施防止预制构件、预埋件损伤或被污染。

8.1.13 挡土墙施工应制定有针对性的季节性施工方案。

条文说明

（1）应及时掌握气象信息，确保对恶劣天气早掌握、早预防。
（2）现场设备应按照安全操作规程设置有效的防雨、防潮、防淹等措施。
（3）大风季节应对临时设施、施工机具等进行预防加固。
（4）低温吊装时应采取防滑措施。
（5）施工时按照环境温度选择常温型套筒灌浆料或低温型套筒灌浆料，适用的温度要符合现行行业标准《钢筋连接用套筒灌浆料》（JG/T 408）的规定。当环境温度高于30℃时，需采取降低灌浆料拌合物温度的措施。
（6）灌浆料应符合本规程规定，同时拌合物应在制备后30min内用完。
（7）冬季安装宜采用蓄热法、暖棚法、加热法等方法施工，确保浆料达到受冻临界强度。

8.2 施工准备

8.2.1 挡土墙施工前，应做好边坡及周边截水沟、排水沟等排水设施，在施工结束后应及时清理施工中产生的废浆弃料，避免污染环境。

条文说明

对于地质不良地段和土质松软、透水性较大或裂隙较多的岩石路段以及沟底纵坡较大的土质截水沟和截水沟的出水口等，均应采取加固措施防止渗漏和冲刷沟底及沟壁。

8.2.2 预制构件安装前，应根据施工方案对作业人员进行技术交底和安全交底，并进行预制构件试安装。

8.2.3 应通过测量放线设置构件安装定位标志，根据需要进行找平。

8.2.4 吊装设备选用应根据吊装工况计算确定，施工前应检查吊装设备及吊具的安全性能，正式吊装前应进行试吊。

8.2.5 吊装应符合现行标准《混凝土结构工程施工规范》（GB 50666）、《装配式混凝土建筑技术标准》（GB 51231）和《建筑施工起重吊装安全施工技术规范》（JGJ 276）的相关规定。设计文件对吊装有特殊要求时，应根据设计文件制定专项方案。

8.3 装配式悬臂挡土墙和装配式扶壁挡土墙

8.3.1 装配式悬臂挡土墙和整体装配式扶壁挡土墙施工工艺流程如图 8.3.1 所示。

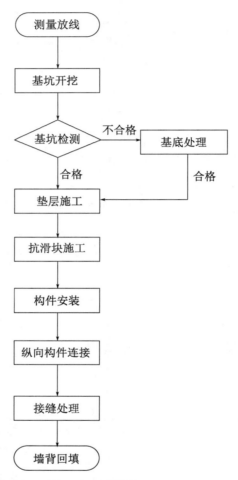

图 8.3.1 装配式悬臂挡土墙和整体装配式扶壁挡土墙施工工艺流程图

8.3.2 组合装配式扶壁挡土墙构件施工工艺流程如图 8.3.2 所示。

8.3.3 基底处理验收合格后，应采用机械配合人工铺设垫层。垫层宜采用砂砾石、碎石施工，并应符合下列规定：
1 垫层应水平铺筑、分层压实，压实度应满足设计要求。
2 垫层宽度应宽出基础之外不小于 0.5m。

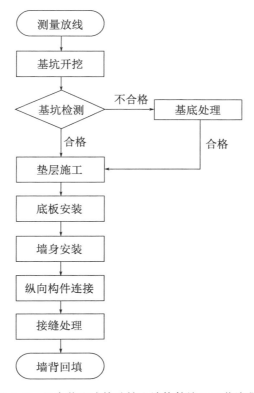

图 8.3.2 组合装配式扶壁挡土墙构件施工工艺流程图

条文说明

碎石垫层应比抗滑块宽不小于 0.5m，如图 8-1 所示。

图 8-1 安装好抗滑块的垫层

8.3.4 底板采用现浇施工时，应整体浇筑成型，并按设计要求预埋钢筋。混凝土强度达到设计强度的 75% 方可安装立板。

8.3.5 挡土墙安装应符合下列规定：
1 同一路段的挡土墙，按基底高程从低到高的顺序施工。

2　就位宜以挡土墙外边线为控制线，就位后应及时校准，并对安装位置、顶面标高、垂直度和顶面高差等进行调整。

3　构件底板与垫层应密贴、无空隙，底板安装后应平整稳固。

4　构件立板位置应准确、直顺，与相邻板板面平齐，板缝与变形缝一致。

条文说明

安装过程中，持续调整做到挡土墙构件与抗滑块一一对应，缝隙对齐，装配式悬臂挡土墙安装示意如图8-2所示。

图 8-2　装配式悬臂挡土墙安装

8.3.6　组合装配式扶壁挡土墙安装除应符合本规程第8.3.5条的规定外，还应符合下列规定：

1　拼装前预制构件拼接面应充分润湿，表面不得有积水、浮浆、油污、粉尘及其他杂物。

2　底板与基础通过调节垫块和砂浆连接，调节垫块的强度应符合设计要求。

3　立板安装应设置临时固定措施，临时固定措施应符合施工方案要求。

4　底板和立板采用湿接缝连接时，湿接缝应浆液饱满且混凝土强度符合设计要求。

5　底板和立板采用灌浆套筒或灌浆金属波纹管连接时，应制定专项施工方案。

6　立板安装应位置准确、直顺，与相邻板板面平齐，板缝与沉降缝一致。

7　湿接缝混凝土或灌浆料强度达到设计要求后，方可撤除临时固定措施。

8　底板混凝土采用现浇施工时，应整体浇筑成型，并按设计要求预埋钢筋。混凝土强度达到设计强度的75%方可安装立板。

8.3.7　构件间的钢筋、预埋锚板采用焊接连接时，应采取措施防止因连续施焊引起的连接部位混凝土开裂。

条文说明

可在预埋件与周边混凝土之间切缝，或采用分次间断焊接方式，降低应力影响。

8.3.8 构件间的纵向连接采用螺栓连接时,应符合现行国家标准《钢结构工程施工规范》(GB 50755)的有关规定。

8.3.9 构件间采用承插式连接时,施工时应符合下列规定:
1 底板预留孔与承插板之间的空隙应采用砂浆灌注填实。
2 应采取合适工艺确保底板与立板间拼接缝浆液密实。
3 拼接缝应采取措施,防止漏浆。

8.3.10 伸缩缝、沉降缝应竖直、贯通,宜采用弹性材料填充密实,深度应满足设计要求。

条文说明

有防水要求的挡土墙,可在墙背以沉降缝(施工缝)为中心粘贴宽度不小于50cm的防水卷材,防水卷材可采用APF自粘性改性沥青防水卷材加HDPE防水板,厚1.2mm、宽50cm;沉降缝宽2cm,可采用聚硫密封胶填充,外部与其他施工缝措施一致,装配式悬臂挡土墙防水施工如图8-3所示。

图8-3 装配式悬臂挡土墙防水施工

8.3.11 挡土墙连接材料强度满足设计要求后方可墙背回填,并应符合下列规定:
1 墙背填料应分层平整、分层压实,顶面路拱应符合设计要求。
2 采用轻型碾压设备时,每层填筑压实厚度不宜超过15cm。
3 采用重型振动碾压设备时,运行方向应与线路方向平行,且不应在距墙背1m内使用。
4 墙背反滤层的施工应与墙背回填同步。

条文说明

挡土墙回填施工时,墙背1m内采用轻型碾压机,分层同步碾压如图8-4所示。

图 8-4 墙背回填采用轻型碾压机施工

8.4 装配式锚杆挡土墙

8.4.1 装配式锚杆挡土墙施工工艺流程如图 8.4.1 所示。

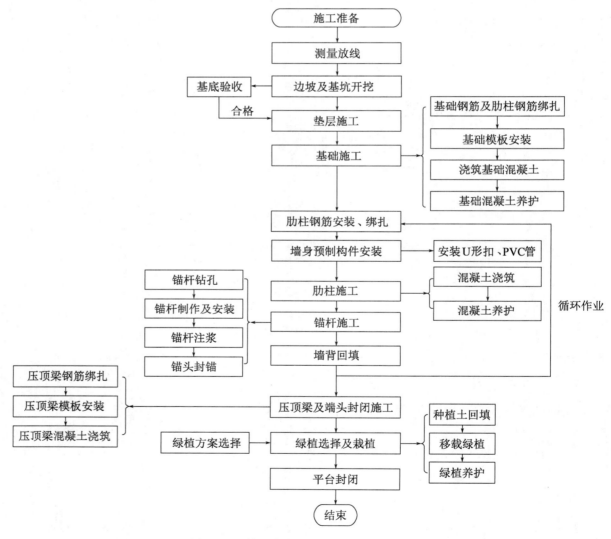

图 8.4.1 装配式锚杆挡土墙施工工艺流程图

8.4.2 路堑挡土墙边坡开挖施工过程中，应按设计要求修坡、整平，不应欠挖，超挖应控制在 0～+10cm。

8.4.3 基底验收合格后应进行基础施工，基础施工应符合下列规定：
1 基础不应超挖，应预留 150mm 人工整平，开挖宽度应预留不小于 30cm 工作面宽度。
2 施工前应检查基础底面，清除基底表面风化、松软的土石和杂物。
3 混凝土运至浇筑地点后，应不离析、不分层，组成成分不发生变化，坍落度满足设计要求。
4 肋柱钢筋插入基础深度应满足设计要求，位置准确，固定牢固。
5 浇筑应从中心开始，逐渐延伸至四周，以避免将钢筋向一侧挤压变形。
6 混凝土浇筑过程中，应设专人监视模板、钢筋、地脚螺栓、插入角钢等，保证其位置不移动。
7 基础混凝土应表面平整，蜂窝麻面不应超过该面积的 0.5%，深度不超过 8mm；泄水孔坡度向外，无堵塞现象；沉降缝整齐垂直、上下贯通，施工完后用麻絮沥青填塞。
8 混凝土顶面初凝前应用刮尺找平，坡度符合设计要求。

8.4.4 预制构件安装应符合下列规定：
1 基础混凝土达到设计强度的 75% 后方可安装挡土墙预制构件。
2 墙身沉降缝与基础沉降缝应保持一致。
3 预制构件宜从低处向高处逐层通长安装，安装稳固、线形顺直，坡比、高程统一，高程安装间隙均匀。
4 预制构件的安装间隙宜采用砂浆进行找平，砂浆强度不低于构件强度。
5 横向相邻构件间宜采用钢筋 U 形扣固定。
6 预制构件每循环安装高度宜控制为 3 层，并应及时对肋柱钢筋预留接长。
7 构件安装到锚杆设计位置时，应安装锚固孔预留管。

条文说明

（1）U 形扣采用直径为 12mm 的 HRB400 钢筋现场制作而成，安装在水平两块预制构件预留孔洞上，起固定预制构件的作用。
（2）锚固孔预留管可采用 PVC 管、波纹管等。

8.4.5 肋柱施工应符合下列规定：
1 肋柱主筋应及时接长，钢筋连接和保护层厚度应符合设计要求。
2 循环浇筑时，肋柱浇筑高度应低于构件安装高度 20cm，且浇筑高度不大于 3 层预制构件高度。

3 每一层混凝土浇筑强度达到设计强度的75%后，方可进行上部构件安装。
4 肋柱混凝土配合比应满足设计强度和混凝土浇筑工艺要求。
5 端部肋柱混凝土浇筑时，应采取加固措施防止端部预制构件发生位移。

8.4.6 肋柱混凝土强度达到设计强度75%后进行锚杆施工，锚杆施工前应选择相同的地层进行拉拔工艺性试验，试验根数不少于3根，以验证锚固段的抗拔力设计指标，确定钻孔、注浆施工工艺参数。

条文说明

预制构件装配后左右侧壁相互形成闭合空间，在此空间内现浇混凝土形成肋柱，现浇混凝土前应安装锚固孔预留管。为保证质量，肋柱混凝土强度达到设计强度的75%后，才能进行钻孔等锚杆施工。

8.4.7 锚杆钻孔、安装和注浆应符合现行国家标准《岩土锚杆与喷射混凝土支护工程技术规范》（GB 50086）等相关标准的规定。

8.4.8 肋柱混凝土强度达到设计强度的100%且锚杆封锚后方可进行墙背回填，墙背回填应符合本规程第8.3.11条的规定。

8.4.9 压顶梁及端头封闭施工应符合下列规定：
1 最后一层构件吊装完成后，压顶梁混凝土应与肋柱同时施工。
2 肋柱钢筋与压顶梁钢筋绑扎牢固，伸入长度应符合设计要求。
3 挡土墙端头宜采用分模数渐变降低挡土墙高度方式封闭。

8.4.10 墙面绿植和养护应符合设计要求。

8.5 装配式榫接挡土墙

8.5.1 装配式榫接挡土墙施工工艺流程如图8.5.1所示。

8.5.2 路堑挡土墙边坡开挖施工应符合本规程第8.4.2条的规定。

8.5.3 挡土墙基础验收合格后，纵梁安装应符合本规程第5.8.8条的规定，卧底砂浆厚度不应小于15mm，纵梁平行于设计边坡面，保证纵梁受力均匀，稳定支撑固土架。

8.5.4 预制构件安装前，在墙体与坡面之间应铺设反滤土工布，土工布的铺设应符合下列规定：

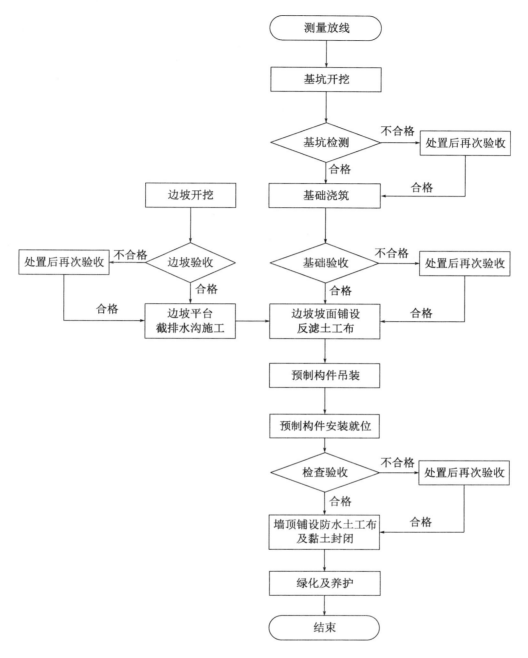

图 8.5.1 装配式榫接挡土墙施工工艺流程图

1 反滤土工布的技术规格应符合设计要求。

2 反滤土工布可采用射钉固定,自下而上施工,应紧贴边坡,固定牢固,搭接长度符合设计要求。

条文说明

反滤土工布施工如图 8-5 所示。

图 8-5 反滤土工布施工

8.5.5 预制构件临时存放场地应符合本规程第 6.6.2 条的规定。

8.5.6 预制构件安装应符合下列规定：
1 基础混凝土达到设计强度的 75% 后方可安装挡土墙预制构件。
2 预制构件安装前，应对基础面进行清理，清除表面杂物。
3 预制构件就位应以设计挡土墙基础外边线为控制线进行调整。
4 底部纵梁应采用坐浆法安装，上部构件应采用榫接方式安装，宜遵循先纵梁后横梁、先低后高的原则。
5 每层构件安装后应检查高度偏差，符合要求后方可进行下一层施工。
6 挡土墙加宽段在纵梁上设置垫块调整宽度。
7 挡土墙构件安装过程中，应同时进行框架内填料填充施工。

条文说明

（1）榫接式挡土墙通过构件与构件之间的凹槽衔接形成骨架，通过榫卯结构限制了局部错动位移，保证了挡土墙的整体稳定性。预制构件榫接方式及吊装示例如图 8-6、图 8-7 所示。

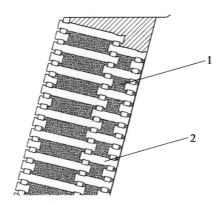

图 8-6 预制构件的榫接方式
1-墙内填料；2-横梁构件

a) 起重机械吊装

b) 小型机械吊装

图 8-7 预制构件吊装示例

（2）构件安装时根据图纸弹出预制构件施工控制线，构件就位后根据控制线对预制构件两端、两侧、轴线进行精密调整，校核构件的标高、垂直度。预制构件安装示例如图 8-8 所示。

图 8-8 预制构件安装示例

（3）装配式挡土墙构件拼装完成后，在框架外侧码放生态植草带，内部填充黏土，通过填充材料及构件重力抵抗土压力。预制构件框架填充示例如图 8-9 所示。

a) 植生袋安装

b) 内部填料夯实

图 8-9 预制构件框架填充示例

8.5.7 墙顶防水施工应符合下列规定：

1 防水土工布铺设于墙顶填土下层，且与坡面紧密贴合，自墙顶顺坡面向上铺设不应少于50cm。

2 防水土工布在搬运、铺贴过程中应避免坚硬物体损伤。

8.5.8 墙体填料、绿植种植及养护应符合下列规定：

1 墙体内应填入具有透水性的填料，填料按照设计的分布方式，构件安装一层回填一层并夯实，压实系数不应低于0.9。

2 墙顶填土宜采用透水性较弱的黏性土或粉质黏土，减少雨水的入渗，填土厚度不应小于50cm，墙顶填土排水横坡不应小于2%。

3 挡土墙坡面采用植生袋铺设绿化时，植生袋铺设应结合墙体填料同步施工。

4 植生袋铺种完毕后应立即采用喷灌方式浇水，避免水柱直冲。

9 质量检验和验收

9.1 一般规定

9.1.1 装配式挡土墙应按分部工程进行验收，其验收应符合现行国家标准《混凝土结构工程施工质量验收规范》（GB 50204）及《建筑工程施工质量验收统一标准》（GB 50300）的有关规定。

9.1.2 装配式挡土墙质量验收应包含下列文件和记录：
1. 预制构件、主要材料及配件的出厂合格证、进场验收记录和抽检报告。
2. 预制构件安装施工记录。
3. 后浇混凝土强度检测报告。
4. 重大问题的处理方案和验收记录。
5. 其他文件和记录。

9.1.3 按分项工程、分部工程和单位工程制定检验评定用表。每处大型挡土墙、组合挡土墙为一个分部工程；钢筋加工及安装、悬臂式挡土墙、扶壁式挡土墙、锚杆式挡土墙、榫接式挡土墙、墙背填土等分部为一个分项工程。

9.1.4 检验批分为构件出厂检验批、安装与连接检验批。检验批、分项工程的质量验收可按本规程附录B记录。

9.1.5 主控项目的质量检验结果必须全部符合检验标准，一般项目的检验合格率不应低于80%。

9.1.6 地基承载力必须满足设计要求，且经检测验收合格后方可进行下一道工序施工。
  检查数量：每道挡土墙基槽抽检3点。
  检查方法：检查触（钎）探检测报告、隐蔽验收记录。

9.1.7 预制构件模具的尺寸应全部检查，允许偏差和检查方法应符合表9.1.7的规定。

表 9.1.7 预制构件模具尺寸允许偏差和检查方法

序号	检查项目	允许偏差（mm）	检验方法
1	长度、宽度、高度	−2	用尺量平行构件高度方向，取其中偏差绝对值较大处
2	底模表面平整度	2	用 2m 靠尺和塞尺量
3	对角线差	3	用尺量对角线
4	侧向弯曲	L/1500 且 ≤ 5	拉线，用钢尺量测侧向弯曲最大处
5	翘曲	L/1500	对角拉线测量交点间距离值的两倍
6	组装缝隙	1	用塞片或塞尺量测，取最大值
7	端模与侧模高低差	1	用钢尺量

注：L 为模具与混凝土接触面中最长边的尺寸。

条文说明

模具尺寸允许偏差参考了现行国家标准《装配式混凝土建筑技术标准》（GB/T 51231）的有关规定，如设计有特殊要求，应按设计要求执行。

9.1.8 钢筋成品的检查项目、允许偏差和检查方法应符合表 9.1.8 的规定。

表 9.1.8 钢筋成品的允许偏差和检查方法

序号	检查项目	允许偏差（mm）	检查方法	检查数量
1	受力钢筋长度	±10	用尺量平行构件高度方向，取其中偏差绝对值较大处	同一检验批次内，抽检构件数量的 10%
2	弯起筋弯折位置	20	用 2m 靠尺和塞尺量	
3	箍筋内净尺寸	±3	用尺量对角线	

9.1.9 挡土墙安装完成后整体饰面效果、坡面及坡率应符合设计要求。

9.1.10 挡土墙的排水系统、泄水孔、反滤层和沉降缝的验收应符合设计要求。

9.2 装配式悬臂挡土墙和装配式扶壁挡土墙

Ⅰ 构件出厂

主控项目

9.2.1 混凝土预制构件进场按批次检查其合格证、出厂检验报告和标志。
检查数量：全数检查。
检查方法：检查检验报告等质量证明文件，观察。

9.2.2 预制构件的外观质量不应有严重缺陷，混凝土预制构件成品外观质量应符合

表9.2.2的要求，且不应有影响结构性能和安装、使用功能的尺寸偏差。

检查数量：全数检查。

检查方法：检查检验报告等质量证明文件，观察，测量。

表9.2.2　混凝土预制构件成品外观质量要求

项目		允许偏差
缺棱掉角	长度（mm）	≤20
	宽度（mm）	≤8
	每米数量（处）	≤3
裂缝	长度（mm）	≤50
	宽度（mm）	0.05～0.20
	每米数量（处）	≤2
蜂窝麻面	每处最大直径（mm）	≤3
	每米数量（处）	≤3

9.2.3 预制构件的混凝土强度应符合设计要求。

检查数量：全数检查。

检查方法：检查标养及同条件混凝土强度试验报告，非破损检测。

9.2.4 预制构件上的预埋件、预埋钢筋的位置、规格、数量应符合设计要求。

检查数量：全数检查。

检查方法：观察、测量。

一般项目

9.2.5 预制构件的外观质量不宜有一般缺陷。对已经出现的一般缺陷，应按技术方案进行处理并重新检查验收。

检查数量：全数检查。

检查方法：观察、测量。

9.2.6 预制构件尺寸的允许偏差和检查方法应符合表9.2.6的规定。

表9.2.6　预制构件尺寸的允许偏差和检查方法

序号	项目	规定或允许值（mm）	检测频率	点数	检查方法
1	边长	（1）边长小于1m：±5； （2）其他：0.5%边长	每批次抽测10%，长、宽、高各测1次	3	尺量
2	厚度	+5，-3	每批次抽测10%	4	尺量
3	两对角线差	（1）边长小于1m：≤10； （2）其他：≤0.7%最大对角线长	每批次抽测10%	2	尺量
4	表面平整度	≤5	每批次抽测10%	1	尺量
5	预埋件、预留孔洞	≤5	每批次抽测10%	1	尺量

条文说明

预埋件的尺寸主要指锚筋的外露长度，锚板的长度、宽度等。

Ⅱ 安装与连接

主控项目

9.2.7 挡土墙基础表面平整度误差应≤5mm，基础顶面高程允许误差为±20mm，断面尺寸不应小于设计尺寸。

检查数量：每道挡土墙基槽抽检3点。

检查方法：靠尺、直尺、水准仪。

9.2.8 预制构件与现浇混凝土、构件与构件间的连接应符合设计要求，应对连接施工进行工艺检验。

检查数量：全数检查。

检查方法：检查施工记录和检验报告，观察。

条文说明

预制构件采用型钢焊接连接时，型钢焊缝的接头质量应满足设计要求，并应符合现行国家标准《钢结构焊接规范》（GB 50661）和《钢结构工程施工质量验收标准》（GB 50205）的规定。

9.2.9 后浇混凝土施工中连接钢筋、预埋件安装位置允许偏差和检查方法应符合表9.2.9的规定。

表9.2.9 连接钢筋、预埋件安装位置允许偏差和检查方法

项目		允许偏差（mm）	检查数量	检查方法
连接钢筋	中心线位置	5	每批次抽测10%且不少于3件	尺量
	长度	±10		尺量
安装用预埋件	中心线位置	3		尺量
	水平偏差	3		尺量和塞尺
普通预埋件	中心线位置	5		尺量
	水平偏差	3		尺量和塞尺

注：检查预埋件中心线位置时，应沿纵、横两个方向量测，并取其中较大值。

9.2.10 钢筋采用焊接连接时，其焊缝的接头质量应满足设计要求，并应符合现行行业标准《钢筋焊接及验收规程》（JGJ 18）的规定。

检验数量：按现行行业标准《钢筋焊接及验收规程》（JGJ 18）的规定确定。

检查方法：检查钢筋焊接接头检验批质量验收记录。

9.2.11 预制构件采用螺栓连接时，螺栓的材质、规格、拧紧力矩应符合现行国家标准《钢结构工程施工质量验收标准》（GB 50205）的规定。

检查数量：全数检查。

检查方法：按现行国家标准《钢结构工程施工质量验收标准》（GB 50205）的规定检查。

9.2.12 预制构件防水材料应符合设计要求，防水卷材应贴合紧密，不应长时间暴晒，并具有合格证、厂家检测报告及进场复试报告。

检查数量：全数检查。

检查方法：检查出厂合格证、相关质量证明文件及施工质量检查记录。

一般项目

9.2.13 安装完成后，预制构件安装尺寸允许偏差和检查方法应符合表 9.2.13 的规定。

表 9.2.13 预制构件安装尺寸允许偏差和检查方法

项次	检查项目	规定值或允许偏差	检查频率	检查方法
1	垂直度或坡度（%）	≤0.3	长度不大于30m时测5处，每增加10m增加1处	铅垂法
2	顶面高程（mm）	±20	长度不大于30m时测5点，每增加10m增加1点	水准仪
3	相邻面板高差（mm）	8	长度不大于30m时测5点，每增加10m增加1点	尺量
4	断面尺寸（mm）	≥设计值	长度不大于50m时测10个断面及10个扶壁，每增加10m增加1个断面及1个扶壁	尺量

条文说明

装配式悬臂和扶臂挡土墙预制构件安装尺寸允许偏差参考了现行行业标准《公路路基施工技术规范》（JTG 3610）和《公路工程质量检验评定标准》（JTG F80）的相关规定。

9.3 装配式锚杆挡土墙

I 构件出厂

主控项目

9.3.1 混凝土预制构件进场的检查内容、检查数量和检查方法应符合本规程第 9.2.1 条的规定。

9.3.2 预制构件的外观质量不应有严重缺陷，预制构件成品外观质量检查要求应符合本规程第 9.2.2 条的规定。

9.3.3 混凝土强度的检查数量和检查方法应符合本规程第 9.2.3 条的规定。

9.3.4 预制构件上的预留孔的尺寸和数量应符合设计要求。
检查数量：全数检查。
检查方法：观察、测量。

一般项目

9.3.5 预制构件的外观质量的检查数量和检查方法应符合本规程第 9.2.5 条的规定。

9.3.6 预制构件尺寸的允许偏差及检查方法应符合表 9.3.6 的规定。

表 9.3.6 预制构件尺寸的允许偏差及检查方法

项目	允许偏差（mm）	检查数量		检查方法
		范围	点数	
长、宽、高	±3	每个构件	2	尺量
预埋孔位置偏差	±5	每个构件	2	尺量

Ⅱ 安装与连接

主控项目

9.3.7 构件横向安装间隙不应大于 5mm，竖向累计高程误差不应大于 2cm/10 层。
检查数量：全数检查。
检查方法：塞尺、全站仪。

9.3.8 构件安装定位 U 形扣不应漏扣。
检查数量：全数检查。
检查方法：观察。

9.3.9 钢筋采用焊接连接时，焊缝的检查数量和检查方法应符合本规程第 9.2.10 条的规定。

9.3.10 肋柱混凝土强度应符合设计要求。
检查数量：全数检查。
检查方法：检查混凝土强度的检验报告。

9.3.11 锚杆施工及验收应符合表 9.3.11 的规定。

表 9.3.11 锚杆施工及验收要求

项目	规定值或允许偏差值	检查数量	检查方法
锚杆类型、规格、性能	符合设计要求	全数检查	检查质量证明文件和试验
锚杆安装数量	符合设计要求	全数检查	目测检查
砂浆强度	符合设计要求	每一作业段检查一次	砂浆强度试验
灌浆效果	符合设计要求	全数检查	检查施工记录、观察
锚杆抗拔力	符合设计要求	锚杆总数的1%且不少于3根	抗拔力试验
锚孔直径（mm）	+10，-5	每孔2组4点	尺量
锚孔倾角（%）	±3	每孔	导杆法测量
锚孔深度（mm）	±50	每孔	尺量
锚杆长度（mm）	±50	抽查10%	尺量

一般项目

9.3.12 预制拼装混凝土挡土墙构件安装完毕，预制构件的位置、尺寸偏差应符合设计要求，当无具体要求时，构件安装位置和尺寸允许偏差及检查方法应符合表9.3.12的规定。

表 9.3.12 构件安装位置和尺寸允许偏差及检查方法

项目	允许偏差（mm）	检查数量 范围	检查数量 点数	检查方法
边线位置	±10	每个节段	2	全站仪及尺量
顶面高程	±10	每个节段	1	水准仪测量
垂直度	≤0.3%墙高且不大于15	每个节段	2	全站仪测量或垂线、尺量，纵横向各1点
沉降缝	墙身与基础一致	每条缝	2	全站仪测量

9.4 装配式榫接挡土墙

I 构件出厂

主控项目

9.4.1 混凝土预制构件进场的检查内容、检查数量和检查方法应符合本规程第9.2.1条的规定。

9.4.2 预制构件的外观质量不应有严重缺陷，混凝土预制构件成品外观质量要求应符合表9.4.2的规定，且不应有影响结构性能和安装、使用功能的尺寸偏差。

表 9.4.2 混凝土预制构件成品外观质量要求

项目		允许偏差	检查数量	检查方法
缺棱掉角	长度（mm）	≤ 20	每批次抽检10%且不少于5个	尺量
	宽度（mm）	≤ 8		
	每构件/处	不多于2		
裂缝	长度（mm）	≤ 50		尺量
	宽度（mm）	0.05～0.20		
	每构件/处	不多于2		
污染	构件外表面	不应有油性污渍		观察

9.4.3 预制构件的混凝土强度应符合设计要求。

检查数量：每批次抽检10%且不少于5个。

检查方法：检查标养及同条件混凝土强度试验报告，非破损检测。

一般项目

9.4.4 预制构件的外观质量不宜有一般缺陷。对已经出现的一般缺陷，应按相关规范进行处理并重新检查验收。

检查数量：每批次抽检10%且不少于5个。

检查方法：观察、测量。

9.4.5 装配式榫接挡土墙预制构件的尺寸偏差及检查方法应符合表9.4.5的规定。

表 9.4.5 装配式榫接挡土墙预制构件尺寸偏差及检查方法

项目	允许偏差（mm）	检查数量	检查方法
长度	±7	每批次抽检10%且不少于5个	尺量
宽度	±5		
厚度	±3		
榫接凹槽中心线位置	±3		尺量

Ⅱ 构件安装

主控项目

9.4.6 连接砂浆的强度应符合设计要求。

检查数量：全数检查。

检查方法：检查强度检验报告。

9.4.7 装配式榫接挡土墙预制构件安装允许偏差及检查方法应符合设计要求，并应符合表9.4.7的规定。

表 9.4.7 装配式榫接挡土墙预制构件安装允许偏差及检查方法

项目	允许偏差（mm）	检查数量		检查方法
		范围	点数	
边线位置	±10	每个节段	6	全站仪及尺量
顶面高程	±10	每个节段	6	水准仪测量
沉降缝	墙身与基础一致	每条缝	2	全站仪测量
每节段的拼装高度偏差	±3	每5层测一次（纵梁、横梁组合为一层）	6	水准仪测量
墙面坡坡度	≤0.3%H且不大于15	每个节段	6	全站仪测量或垂线、尺量

9.4.8 纵梁和横梁的榫接，纵梁嵌入横梁的深度不应小于2cm，纵梁端头与横梁中心线应对齐，偏差不应大于1cm。

检查数量：全数检查。

检查方法：尺量。

9.4.9 同一断面纵梁的拼接接头不应大于纵梁总数的50%。

检查数量：全数检查。

检查方法：观察。

9.4.10 横梁与纵梁的中心线应垂直，偏差角度不应大于1°。

检查数量：全数检查。

检查方法：尺量。

9.4.11 构件拼装框架内填料应填充密实，压实度应达到设计要求。

检查数量：每碾压完一层进行检查。

检查方法：常规土工试验方法或核子密度仪法。

一般项目

9.4.12 防水层结合应密实、无空鼓，表面平整光洁，无裂缝、起砂。

检查数量：全数检查。

检查方法：观察、测量。

9.4.13 装配式榫接挡土墙顶设导水块时，导水块安装应平顺、坐浆饱满。

检查数量：全数检查。

检查方法：观察。

10 监控量测

10.1 一般规定

10.1.1 根据装配式挡土墙的设计要求和工程环境特点，应对挡土墙的结构、墙顶边坡以及周边结构物进行监控量测。

10.1.2 监控量测应贯穿挡土墙安装阶段、墙背回填阶段，并制定专项监测方案。

条文说明

监控量测方案主要内容应包括监测目的、监测范围、监测内容、现状分析、安全风险评估、精度设计、监测点布设、测量方法、测量仪器设备、监测人员组织、监测周期、监测数据处理、监测预警、预警处置、质量保障措施和安全保障措施等。

10.1.3 监控量测可采用仪器测量和现场巡查等多种方式相结合的方法进行信息数据采集。

10.1.4 监控量测等级和测量精度应满足设计及相关规范要求。

10.1.5 监测仪器和设备应满足监测精度要求，并应定期校准。

条文说明

常见监测项目和监测仪器见表10-1。

表 10-1 常见监测项目和监测仪器

监测项目	监测仪器
沉降监测	沉降计
	沉降钉
位移监测	位移计
	位移桩
挡土墙间变形监测	测缝计

10.1.6 监测除应符合本规程要求外，尚应符合现行国家标准《工程测量标准》（GB 50026）、《国家一、二等水准测量规范》（GB/T 12897）的规定。

10.2 监测

10.2.1 监测项目可根据挡土墙工程安全等级确定，监测项目见表 10.2.1。

表 10.2.1 挡土墙监测项目

监测项目		工程安全等级		
		一级	二级	三级
挡土墙结构	墙顶水平位移、垂直位移	应测	应测	宜测
	挡土墙结构变形	应测	选测	可测
	锚杆拉力	应测	选测	可测
墙顶边坡	坡面变形、裂缝	应测	宜测	宜测
周边结构物		应测	宜测	宜测

条文说明

表 10.2.1 中安全等级划分参考了《建筑边坡工程施工技术规范》（GB 50330）。实际监测时尚应根据挡土墙工程施工的技术特点、难点、地质环境、安全等级、边坡类型、变形控制等条件，结合相关地区经验，经综合分析后确定应测和宜测项目。

10.2.2 挡土墙结构的监测点布设应符合下列规定：

1 挡土墙顶部宜沿墙长方向设置水平和竖向位移监测点，监测点间距不宜大于 25m 且每段挡土墙应设置不少于 3 处监测点。

2 锚杆拉力监测点应布设在外锚头或锚杆主筋，并应符合现行行业标准《锚杆检测与监测技术规程》（JGJ/T 401）的规定。

3 装配式榫接挡土墙应根据实际情况在主要受力构件处设置必要的墙身变形监测点。

条文说明

监测点的布设要兼顾针对性、合理性、经济性原则，监测点的位置应能反映监测对象的实际受力、变形状态。

（1）挡土墙监测点应布设在其位移和内力变化最大部位。

（2）监测点的埋设应不妨碍结构的正常受力或正常使用功能，并牢固埋设，采取可靠措施避免监测点受到破坏。

（3）监测点的布设应考虑人员配备、仪器数量和质量等问题。

10.2.3 墙顶边坡的监控量测应符合现行标准《工程测量标准》（GB 50026）、《建筑变形测量规范》（JGJ 8）、《建筑边坡工程技术规范》（GB 50330）、《建筑基坑工程监测技术标准》（GB 50497）等的有关规定，铁路边坡还应符合现行行业标准《高速铁路工程测量规范》（TB 10601）、《铁路工程测量规范》（TB 10101）等的相关规定。

条文说明

现行国家、行业标准中，尚未有专门针对边坡监测的标准规范，在实际工作中，可根据相关国家、行业标准中的有关内容，并结合当地地方标准要求及工程实际，确定监测项目和监测点布设。

10.2.4 周边结构物的监控量测应符合现行标准《建筑变形测量规范》（JGJ 8）、《建筑基坑工程监测技术标准》（GB 50497）等的有关规定。

10.2.5 监测频率可根据设计要求、边坡稳定性、挡土墙高度、周边环境和施工进程等因素进行综合研究确定。雨季监测及异常情况下，频次应适当加密，必要时进行跟踪监测。

10.2.6 监测数据应结合挡土墙所支挡的边坡工作状态与周边环境情况进行综合分析。当监测数据遇到下列异常波动情况时应及时报警，并采取有效措施：

1 土质边坡坡顶的最大水平位移已大于边坡开挖深度的 1/500 或 20mm，以及其水平位移速度已连续 3d 大于 2mm/d。

2 土质边坡坡顶邻近建筑物的累计沉降、不均匀沉降或整体倾斜已大于现行国家标准《建筑地基基础设计规范》（GB 50007）规定允许值的 80%，或建筑物的整体倾斜度变化速度已连续 3d 每天大于 8/100000。

3 挡土墙位移、沉降等变形超过设计要求的容许值，且位移、沉降速率无收敛趋势。

4 墙身结构中有重要构件出现应力骤增、压屈、断裂、松弛或破坏的迹象。

5 锚杆拉力超过锚杆的拉力预警值或锚杆的结构开裂。

6 墙体出现变形、裂缝，裂缝宽度超过规范要求的容许最大裂缝宽度。

7 坡顶邻近建筑物出现新裂缝，原有裂缝有新发展。

8 边坡底部或周围岩土体已出现可能导致边坡剪切破坏的情况或其他可能影响安全的征兆。

9 根据当地工程经验判断已出现其他需报警的情况。

条文说明

边坡工程及支挡结构物变形值的大小与边坡高度、地质条件、水文条件、支挡类型和高度、坡顶荷载等多种因素有关，国家现行有关标准均未提出较成熟的计算理论和相应的变形控制指标。因此，目前对边坡工程及支挡结构物的变形控制标准很难提出统一的判定标准，工程实践中应根据地区经验，采取工程类比的方法确定。

10.2.7 监测报告应包含下列主要内容：
1 监测依据。
2 监测项目和要求。
3 监测仪器的型号、规格和标定资料。
4 监测点布设验收记录。
5 监测数据整理、统计和分析。
6 监测结论及建议。

11 施工安全和环境保护

11.1 一般规定

11.1.1 挡土墙施工前应编制专项安全技术方案。

条文说明

专项安全技术方案应包括以下内容：工程概况、编制依据、施工计划、施工工艺技术、施工保证措施、施工管理及作业人员配备和分工、验收要求、应急处置措施、计算书及相关施工图纸等。

11.1.2 施工机械设备宜选低噪声、低振动、低排放的节能环保型机械设备。

11.1.3 装配式挡土墙施工应遵守国家环保有关法律法规，合理利用资源和能源，保护环境。

条文说明

现行涉及环境保护的主要法律、法规有《中华人民共和国环境保护法》《中华人民共和国环境影响评价法》《中华人民共和国水土保持法》《中华人民共和国水土保持法实施细则》《中华人民共和国固体废物污染环境防治法》《中华人民共和国大气污染防治法》《中华人民共和国环境噪声污染防治法》《中华人民共和国水污染防治法》《中华人民共和国水污染防治法实施细则》《中华人民共和国草原法》《中华人民共和国森林法》《中华人民共和国野生动物保护法》《中华人民共和国野生植物保护条例》《建设项目环境保护管理条例》《中华人民共和国自然保护区条例》及《中华人民共和国文物保护法》《中华人民共和国节约能源法》《公路、水路交通实施〈中华人民共和国节约能源法〉办法》及《中华人民共和国循环经济促进法》《中华人民共和国清洁生产促进法》等。

11.2 施工安全

11.2.1 挡土墙施工前，应首先检查边坡的稳定状况。对影响施工安全的危岩、不稳定岩土体应予以清除，或者采取必要的加固措施。

11.2.2 挡土墙施工过程中应采取有效安全措施，除应符合本规程相关规定外，尚应符合现行行业标准《建筑施工高处作业安全技术规范》（JGJ 80）、《建筑机械使用安全技术规程》（JGJ 33）、《施工现场临时用电安全技术规范》（JGJ 46）和《建筑施工起重吊装工程安全技术规范》（JGJ 276）等的有关规定。

11.2.3 挡土墙在施工过程中，应由专人进行随时检查和定期监测边坡稳定性，并确认安全。如发现异常，应立即停工，撤离人员，采取安全措施后方可复工。

11.2.4 起重吊装应符合现行行业标准《建筑施工起重吊装工程安全技术规范》（JGJ 276）的规定。

11.2.5 脚手架搭设施工平台时应进行专项设计，验收合格后方可使用，并应符合现行国家标准《施工脚手架通用规范》（GB 55023）的相关规定。

条文说明

作业高度超过 1.2m 时，应设置脚手架。脚手架在设计时，必须进行强度、刚度及稳定性等方面的验算。脚手架平台宜采用锚杆锚固在岩壁上。脚手架搭建经验收合格后方可使用。施工过程中，对脚手架应经常检查，若发现松动、变形或沉陷应及时加固。

11.2.6 施工道路应设专人巡查、维护，对路面破损、凹陷等应及时进行修补。

11.3 环境保护

11.3.1 挡土墙施工应制定环境保护措施，减少对生态环境的影响，降低对环境的污染。作业完成后应及时清理各种施工垃圾。

11.3.2 应制定合理的材料进场计划，减小材料堆场面积。

11.3.3 挡土墙生产、施工应采取有效措施防止水土的污染和流失，并应符合下列规定：
1 施工时应严格控制污染源。施工废水、污水应进行沉淀处理后方可排放。
2 构件厂养护水等宜处理后循环使用。
3 建筑垃圾应集中分类堆放和处理。
4 挡土墙边坡开挖后应及时防护，防止雨水冲刷造成水土流失。
5 当采用喷射混凝土时应选用湿喷工艺。

11.3.4 挡土墙生产、施工应采取有效措施降低空气污染和噪声污染，并应符合下列规定：
1 构件场宜远离居民区并采取防尘、降噪措施。
2 施工现场的主要临时道路宜洒水降尘。
3 施工现场未能及时运弃的土方，应采用密目网格布进行遮盖，防止扬尘污染。

条文说明

对噪声超过限值规定的，可采取调整作业时间、优化施工机械设备组合、改变施工方法、增加消声装置、布设临时性的噪声隔挡等噪声污染防治措施。

11.3.5 施工结束后，应进行生态恢复。对施工临时占地、施工营地、临时道路、设备及材料堆放场地等进行有计划的复垦。复垦后，应尽量保持原有地貌和景观。原属性为农田的应复耕，适宜种植林草的应恢复植被。

条文说明

生态恢复是指通过人工设计和恢复措施，在受干扰破坏的生态系统的基础上，恢复和重新建立一个具有自我恢复能力的健康的生态系统（包括自然生态系统、人工生态系统和半自然半人工生态系统）。

复垦是指公路建设过程中，对因挖损、塌陷、压占等造成破坏的土地，采取整治措施，使其恢复到可供利用状态的活动。

附录 A 浸水挡土墙静水压力、浮力、流水压力和动水压力（渗透力）计算

A.0.1 作用于每延米挡土墙的静水压力标准值按式（A.0.1）计算，其作用点应取在 1/3 水深的迎水墙面处。

$$P_w = \frac{1}{2}\gamma_w H_w^2 \qquad (A.0.1)$$

式中：P_w——作用于每延米墙长的静水压力标准值（kN/m）；

γ_w——水的重度（kN/m³）；

H_w——水深（m）。

A.0.2 作用于挡土墙墙身上的计算浮力，应根据地基地层渗水情况，按以下规定确定：

1 砂类土、碎石土和节理发育的岩石地基，浸水挡土墙计算浮力按计算水位水浮力的 100% 取值。

2 节理不发育岩石地基，浸水挡土墙计算浮力按挡土墙结构最不利受力原则，采用计算水位水浮力的 100% 或不计入。

3 挡土墙基础嵌入不透水性地基时，不计水浮力。

4 透水性地基上的挡土墙，当验算稳定性时，应采用设计水位的浮力；当验算地基应力时，仅考虑常水位的浮力或不计浮力。

5 当不能确定地基是否透水时，应分别以透水和不透水两种情况进行荷载组合，取其不利者。

6 计算水位以下每延米挡土墙墙身的水浮力标准值，按式（A.0.2-1）计算：

$$G_w = \gamma_w V_w \qquad (A.0.2-1)$$

式中：G_w——作用于每延米墙身的水浮力标准值（kN）；

γ_w——水的重度（kN/m³）；

V_w——计算水位下墙身的体积（m³）。

7 计入水浮力时，填料的重力（包括基础襟边上的土柱重力）应采用填料的有效重度进行计算。填料的有效重度 γ_0 按式（A.0.2-2）计算：

$$\gamma_0 = \gamma_{sat} - \gamma_w \qquad (A.0.2-2)$$

式中：γ_0——填料的有效重度（kN/m³）；
  γ_w——水的重度（kN/m³）；
  γ_{sat}——填料的饱和重度（kN/m³）。

A.0.3 水流流经挡土墙时，作用于每延米墙身迎水面上的流水压力标准值按式（A.0.3）计算，作用点取在设计水位的 1/3 迎水墙面处。

$$P_h = 0.514 C_L v_\varphi^2 H_w^2 \tag{A.0.3}$$

式中：P_h——流水压力标准值（kN）；
  H_w——计算水深（m）；
  v_φ——水流平均流速（m/s）；
  C_L——水流与墙面间的侧向阻力系数，按表 A.0.3 的规定取值。

表 A.0.3 侧向阻力系数

水流方向与挡土墙墙面的夹角 α_w（°）	C_L
0	0.0
5	0.5
10	0.7
20	0.9
≥30	1.0

A.0.4 在下列情况下应考虑动水压力（渗透力）：
1 挡土墙两侧有水位差，并形成贯通渗流。
2 墙前水位骤降，墙后出现渗流。
3 浸水地区滑坡发生水位骤降。

附录 B 检验批质量验收记录

表 B.1 装配式悬臂挡土墙、装配式扶壁挡土墙构件出厂检验批质量验收记录

单位（子单位）工程名称			分部（子分部）工程名称		分项工程名称	
施工单位			项目负责人		检验批容量	
预制厂家			预制厂家项目责任人		检验批部位	
施工执行标准名称及编号				验收依据		
		验收项目	设计要求及规范规定（mm）	检验频率	应检点数	检查记录	检查结果
主控项目	1	构件资料	质量证明文件齐全，标志清晰完整	每个构件			
	2	外观质量	不应有严重缺陷	每个构件			
	3	预制构件的混凝土强度	应符合设计要求	每个构件			
	4	预埋件、预埋钢筋的规格和数量	应符合设计要求	每个构件			
一般项目	1	外观质量	不宜有一般缺陷	每个构件			
	2	边长	±3	每批次抽测10%	3（长、宽、高各1点）		
	3	厚度	+5，-3	每批次抽测10%	4		
	4	两对角线差	边长<1m时，≤10；其他，≤0.7%最大对角线长	每批次抽测10%	2		
	5	表面平整度	≤5	每批次抽测10%	1		
	6	预埋件、预留孔洞位置	≤5	每批次抽测10%			
施工单位检查结果					质检工程师： 年 月 日		
监理单位验收结论					专业监理工程师： 年 月 日		

表 B.2 装配式悬臂挡土墙、装配式扶壁挡土墙构件安装检验批质量验收记录

单位（子单位）工程名称				分部（子分部）工程名称		分项工程名称		
施工单位				项目负责人		检验批容量		
预制厂家				预制厂家项目责任人		检验批部位		
施工执行标准名称及编号				验收依据		施工班组长		专业工长
验收项目				设计要求及规范规定	样本数量	检验频率	检查记录	检查结果
主控项目	1	现浇混凝土强度		不小于设计值	3	每批现浇混凝土		
	2	连接钢筋	中心线位置（mm）	5		每批次抽测10%且不少于3件		
	3		长度（mm）	±10				
	4	安装用预埋件	中心线位置（mm）	3				
	5		水平偏差（mm）	3				
	6	普通预埋件	中心线位置（mm）	5				
	7		水平偏差（mm）	3				
一般项目	1	垂直度或坡度（%）		在合格标准内		长度不大于30m时测5处，每增加10m增加1处		
	2	顶面高程（mm）		0.3		长度不大于30m时测5点，每增加10m增加1点		
	3	相邻面板高差（mm）		±20		长度不大于30m时测5点，每增加10m增加1点		
	4	断面尺寸（mm）		8		长度不大于50m时测10个断面及10个扶壁，每增加10m增加1个断面及1个扶壁		
施工单位检查结果				质检工程师：　　　　　　年　月　日				
监理单位验收结论				专业监理工程师：　　　　　年　月　日				

表 B.3 装配式锚杆挡土墙构件出厂检验批质量验收记录

单位（子单位）工程名称				分部（子分部）工程名称			分项工程名称	
施工单位				项目负责人			检验批容量	
预制厂家				预制厂家项目责任人			检验批部位	
施工执行标准名称及编号						验收依据		

		验收项目	设计要求及规范规定（mm）		检验频率	应检点数	检查记录	检查结果
主控项目	1	构件资料	质量证明文件齐全，标志清晰完整		每个构件			
	2	外观质量	不应有严重缺陷		每个构件			
	3	实体检验	应符合设计要求		每个构件			
一般项目	1	外观质量	不宜有一般缺陷		每个构件			
	2	长度、宽度、高度	±3		每个构件	3		
	3	预留孔	中心线位置	5	每个构件	2		
			孔尺寸	±2				

施工单位检查结果	质检工程师：　　　　年　月　日
监理单位验收结论	专业监理工程师：　　　　年　月　日

表 B.4 装配式锚杆挡土墙构件安装检验批质量验收记录

单位（子单位）工程名称			分部（子分部）工程名称		分项工程名称		
施工单位			项目负责人		检验批容量		
预制厂家			预制厂家项目责任人		检验批部位		
施工执行标准名称及编号			验收依据		施工班组长		专业工长

		验收项目	设计要求及规范规定（mm）	样本数量	检验频率	检查记录	检查结果
主控项目	1	横向安装间隙	≤5	每个构件			
	2	竖向安装高程误差	≤2	每个构件			
	3	U形扣安设	应符合设计要求	每个构件			
	4	基础混凝土强度	≥75%	每个节段			
一般项目	1	边线位置	±10	每个节段			
	2	顶面高程	±10	每个节段			
	3	垂直度	≤0.3%H 且不大于 15	每个节段			
	4	沉降缝	墙身沉降缝与基础保持一致	每个节段			

施工单位检查结果	质检工程师：　　　　　　年　月　日
监理单位验收结论	专业监理工程师：　　　　　年　月　日

表 B.5 肋柱施工检验批质量验收记录

单位（子单位）工程名称			分部（子分部）工程名称		分项工程名称		
施工单位			项目负责人		检验批容量		
预制厂家			预制厂家项目责任人		检验批部位		
施工执行标准名称及编号			验收依据		施工班组长		专业工长	

		验收项目	设计要求及规范规定（mm）	样本数量	检验频率	检查记录	检查结果
主控项目	1	钢筋品种、规格及其技术性能	应符合设计要求	每个肋柱			
	2	钢筋焊接质量	应符合设计要求	每个肋柱			
	3	混凝土强度	应符合设计要求	每个肋柱			
	4	肋柱钢筋保护层厚度	应符合设计要求	每个肋柱			
	5	肋柱钢筋埋入基础和压顶梁的长度	应符合设计要求	每个肋柱			
一般项目	1	钢筋间距	±10	每个肋柱			
	2	顶面高程	±10	每个肋柱			

施工单位检查结果	
	质检工程师：　　　　年　月　日

监理单位验收结论	
	专业监理工程师：　　　　年　月　日

表 B.6 锚杆施工检验批质量验收记录

单位（子单位）工程名称			分部（子分部）工程名称		分项工程名称	
施工单位			项目负责人		检验批容量	
预制厂家			预制厂家项目责任人		检验批部位	
施工执行标准名称及编号			验收依据		施工班组长		专业工长	

		验收项目	设计要求及规范规定	样本数量	检验频率	检查记录	检查结果
主控项目	1	锚杆类型、规格、性能	应符合设计要求	每个锚杆			
	2	锚杆安装数量	应符合设计要求	每个锚杆			
	3	锚固注浆体强度	应符合设计要求	每个作业段			
	4	灌浆效果	应符合设计要求	每个锚杆			
	5	锚杆拉拔力	应符合设计要求	锚杆数量的1%，且不少于3根			
一般项目	1	锚孔直径	+10mm，-5mm	每孔2组4点			
	2	锚孔倾角	±3%	每个锚杆			
	3	锚孔深度	±50mm	每个锚杆			
	4	锚杆长度	±50mm	抽查10%			

施工单位检查结果	质检工程师：　　　　　　　　　　年　　月　　日
监理单位验收结论	专业监理工程师：　　　　　　　　年　　月　　日

表 B.7 装配式榫接挡土墙构件出厂检验批质量验收记录

单位（子单位）工程名称				分部（子分部）工程名称			分项工程名称	
施工单位				项目负责人			检验批容量	
预制厂家				预制厂家项目责任人			检验批部位	
施工执行标准名称及编号						验收依据		

		验收项目	设计要求及规范规定（mm）	检验频率	应检点数	检查记录	检查结果
主控项目	1	构件资料	质量证明文件齐全，标志清晰完整	全数检查			
	2	外观质量	不应有严重缺陷	每批次抽检10%且不少于5个			
	3	混凝土强度	在合格标准内				
一般项目	1	外观质量	不宜有一般缺陷	每批次抽检10%且不少于5个			
	2	长度	±7				
		宽度	±5				
	3	厚度	±3				
	4	榫接凹槽中心线位置	±3				

施工单位检查结果	质检工程师：　　　年　月　日
监理单位验收结论	专业监理工程师：　　　年　月　日

表 B.8 装配式榫接挡土墙构件安装检验批质量验收记录

单位（子单位）工程名称				分部（子分部）工程名称			分项工程名称		
施工单位				项目负责人			检验批容量		
预制厂家				预制厂家项目责任人			检验批部位		
施工执行标准名称及编号				验收依据			施工班组长		专业工长
		验收项目		设计要求及规范规定		样本数量	检验频率	检查记录	检查结果
主控项目	1	连接砂浆的强度		符合设计要求		全数检查			
	2	填料压实度		符合设计要求		每一层			
	3	边线位置		±10mm		每个节段			
	4	顶面高程		±10mm		每个节段			
	5	每节段的拼装高度偏差		±3mm		每5层测一次			
	6	沉降缝		墙身沉降缝与基础保持一致		每条缝			
	7	墙面坡坡度		≤0.3%H且不大于15mm		每个节段			
一般项目	1	防水层		密实、无空鼓，表面平整光洁，无裂缝、起砂		每个节段			
	2	导水块		安装应平顺、坐浆饱满		每个节段			

施工单位检查结果
质检工程师：　　　　　　年　月　日

监理单位验收结论
专业监理工程师：　　　　　　年　月　日

表 B.9 分项工程质量验收记录

单位（子单位）工程名称			分部（子分部）工程名称			
分项工程数量			检验批数量			
施工单位		项目负责人			项目技术负责人	
分包单位		分包单位项目责任人			分包内容	
序号	检验批名称	检验批容量	部位/区段	施工单位检查结果		监理单位验收结论
1						
2						
3						
4						
5						
6						
7						
8						
9						
说明						
施工单位检查结果	质检工程师： 年 月 日					
监理单位验收结论	专业监理工程师： 年 月 日					

本规程用词说明

1 为便于在执行本规程条文时区别对待,对要求严格程度不同的用词说明如下:
1)表示很严格,非这样做不可的用词:
正面词采用"必须",反面词采用"严禁"。
2)表示严格,在正常情况下均应这样做的用词:
正面词采用"应",反面词采用"不应"或"不得"。
3)表示允许稍有选择,在条件许可时首先应这样做的用词:
正面词采用"宜",反面词采用"不宜"。
4)表示有选择,在一定条件下可以这样做的用词,采用"可"。
2 条文中指明应按其他有关标准执行的写法为"可按……执行"或"应符合……的规定"或"应按……执行"。

引用标准名录

1 《建筑地基基础设计规范》（GB 50007）
2 《建筑结构荷载规范》（GB 50009）
3 《建筑抗震设计规范》（GB 50011）
4 《钢结构设计标准》（GB 50017）
5 《工程测量标准》（GB 50026）
6 《岩土锚杆与喷射混凝土支护工程技术规范》（GB 50086）
7 《土工试验方法标准》（GB/T 50123）
8 《铁路工程抗震设计规范》（GB 50111）
9 《混凝土结构施工质量验收规范》（GB 50204）
10 《建筑边坡工程技术规范》（GB 50330）
11 《钢结构工程施工质量验收标准》（GB 50205）
12 《建筑工程施工质量验收统一标准》（GB 50300）
13 《水泥基灌浆材料应用技术规范》（GB/T 50448）
14 《混凝土结构耐久性设计标准》（GB/T 50476）
15 《建筑基坑工程监测技术标准》（GB 50497）
16 《钢结构焊接规范》（GB 50661）
17 《钢结构工程施工规范》（GB 50755）
18 《建筑与市政工程抗震通用规范》（GB 55002）
19 《混凝土结构通用规范》（GB 55008）
20 《施工脚手架通用规范》（GB 55023）
21 《国家一、二等水准测量规范》（GB/T 12897）
22 《硅酮和改性硅酮建筑密封胶》（GB/T 14683）
23 《通用硅酸盐水泥》（GB 175）
24 《钢筋混凝土用钢 第1部分：热轧光圆钢筋》（GB/T 1499.1）
25 《钢筋混凝土用钢 第2部分：热轧带肋钢筋》（GB/T 1499.2）
26 《自粘聚合物改性沥青防水卷材》（GB 23441）
27 《建筑变形测量规范》（JGJ 8）
28 《钢筋焊接及验收规程》（JGJ 18）
29 《建筑机械使用安全技术规程》（JGJ 33）
30 《施工现场临时用电安全技术规范》（JGJ 46）

31　《普通混凝土配合比设计规程》（JGJ 55）
32　《建筑施工高处作业安全技术规范》（JGJ 80）
33　《钢筋焊接网混凝土结构技术规程》（JGJ 114）
34　《钢筋锚固板应用技术规程》（JGJ 256）
35　《建筑施工起重吊装工程安全技术规范》（JGJ 276）
36　《钢筋套筒灌浆连接应用技术规程》（JGJ 355）
37　《锚杆检测与监测技术规程》（JGJ/T 401）
38　《公路工程抗震规范》（JTG B02）
39　《公路路基设计规范》（JTG D30）
40　《公路桥涵设计通用规范》（JTG D60）
41　《公路圬工桥涵设计规范》（JTG D61）
42　《公路交通安全设施设计规范》（JTG D81）
43　《公路工程混凝土结构耐久性设计规范》（JTG/T 3310）
44　《公路桥涵地基与基础设计规范》（JTG 3363）
45　《公路土工试验规程》（JTG 3430）
46　《铁路桥涵设计规范》（TB 10002）
47　《铁路混凝土结构耐久性设计规范》（TB 10005）
48　《铁路路基支挡结构设计规范》（TB 10025）
49　《铁路桥涵地基和基础设计规范》（TB 10093）
50　《铁路土工试验规程》（TB 10102）
51　《高速铁路工程测量规范》（TB 10601）
52　《预应力混凝土用金属波纹管》（JG/T 225）
53　《钢筋连接用灌浆套筒》（JG/T 398）
54　《钢筋连接用套筒灌浆料》（JT/T 408）
55　《聚硫建筑密封胶》（JC/T 483）

涉及专利和专有技术名录

［1］ 中铁二十三局集团有限公司，中铁二十三局集团第一工程有限公司，西南石油大学．一种装配式挡土墙稳定性计算方法：202210018310.0［P］．2022-04-05．
［2］ 中铁二十三局集团第一工程有限公司．一种加固装配式挡土墙：202221998480.1［P］．2022-11-22．
［3］ 中铁二十三局集团第四工程有限公司．一种装配式绿色生态锚杆挡墙系统及道路体系：202320042927.6［P］．2023-01-06．
［4］ 中铁二十三局集团第一工程有限公司．一种装配式挡墙结构及装配式挡墙：202221614133.4［P］．2022-06-24．
［5］ 中铁二十五局集团第一工程有限公司．一种扶壁式挡墙连接装置：202320776757.4［P］．2023-07-18．
［6］ 中铁二十五局集团第一工程有限公司．一种装配式悬臂挡墙单元连接装置：202320776609.2［P］．2023-07-21．
［7］ 中铁二十五局集团第一工程有限公司．一种装配式扶壁挡墙连接装置：202320776681.5［P］．2023-07-28．

本文件的发布机构提请注意，声明符合本文件时，可能涉及相关专利的使用。

本文件的发布机构对于该专利的真实性、有效性和范围无任何立场。

该专利持有人已向本文件的发布机构保证，他愿意同任何申请人在合理且无歧视的条款和条件下，就专利授权许可进行谈判。该专利持有人的声明已在本文件的发布机构备案。相关信息可通过以下联系方式获得：

专利持有人姓名：中铁二十三局集团有限公司

地址：四川省成都市二环路西二段10-1号

专利持有人姓名：中铁二十三局集团第一工程有限公司

地址：山东省日照市东港区黄海二路65号

专利持有人姓名：中铁二十三局集团第四工程有限公司

地址：四川省成都市青羊区广富路218号8栋1单元，2单元

专利持有人姓名：中铁二十五局集团第一工程有限公司

地址：广东省广州市白云区北太路1633号广州民营科技园科盛路8号配套服务大楼5层A505-133房

请注意除上述专利外，本文件的某些内容仍可能涉及专利。本文件的发布机构不承担识别这些专利的责任。